hänssler

Erwin Damson

Gezeichnet Mielke
Streng geheim!

Erlebnisse in 25 Jahren
Ostmissionsarbeit

Bestell-Nr. 393.419
ISBN 3-7751-3419-0

Umschlaggestaltung: Daniel Kocherscheidt
Titelbild: privat
Satz: Vaihinger Satz & Druck
Druck und Verarbeitung: Ebner ULM
Printed in Germany

Inhaltsverzeichnis

Widmung

Meinen Brüdern im CVJM Rutesheim gewidmet, die mich zu Jesus führten und meinen Glaubens- und Lebensweg entscheidend geprägt haben sowie Pfarrer Winrich Scheffbuch, dem langjährigen Vorsitzenden des Missionsbunds »Licht im Osten«, und Geschäftsführer Bernd Dyck, von denen ich viel Unterstützung und Verständnis erfahren habe.

Vorwort

Es war eine spannende Zeit, Ende der 60er und Anfang der 70er Jahre. Der Westen stand noch ganz unter dem Eindruck der 68er-Bewegung. Unser sattes, nach dem Krieg wieder weitgehendst aufgebautes, blühendes und sozial gesichertes Wirtschaftswunderland wurde durch den Protest einer wohlstandsüberdrüssigen Studentengeneration erschüttert. Bei der Suche nach dem rechten Weg in die Zukunft bot sich der Marxismus als eine schlüssige Lösung an. Von ihm wurde Wohl und Heil erwartet. Nachdem die verschiedenen Fress- und Konsumwellen keine befriedigende Lösung brachten, hier wurde sie angeboten. Das Schreckgespenst der Marktwirtschaft sollte beseitigt werden, nachdem die einen immer reicher und die anderen ärmer zu werden schienen. Das Heil erwartete man vom Osten, wie schon oft in der Geschichte.

In den 30er Jahren durchzog eine ähnliche Welle der Euphorie Europa. Scharen von Journalisten und Linksintellektuellen besuchten damals die Sowjetunion, um mit den Segnungen des »realen Sozialismus« konfrontiert zu werden. Die Berichte über den schon fast ausgebrochenen Wohlstand für alle – und dies alles ohne Gott – füllten die Zeitungen.

Warnende Stimmen und Berichte über die Schreckensherrschaft der roten Machthaber wurden in den Wind geschlagen. Man wollte sie nicht hören. Es gab das Gulag-Lagersystem. Ein Staat musste schließlich auch seine Verbrecher in Schach halten oder umerziehen. Den Inspekteuren vom Roten Kreuz und anderen Organisationen wurden Lager mit wohlgenährten KGB-Häftlingen, in weißem Leinen auf ihren Pritschen liegend, vorgeführt. Die gelehrigen Schüler des Fürsten Potemkin hatten es zur Meisterschaft gebracht.

Auch in den 70er Jahren verschloss der Westen Augen und Ohren vor der Verfolgung derer, die nicht konform dachten. Anscheinend gab es keinen Missbrauch der Psychiatrie, keine inhaftierten Christen – alles schien in bester Ordnung.

In den Kirchen des Westen wurde diskutiert, ob es evangelischen Pfarrern möglich sei, Mitglied der Kommunistischen Partei zu sein. Die Abschottung der DDR erreichte durch den Mauerbau 1961 nahezu Perfektion. Das Land war hermetisch abgeriegelt. Der Eiserne Vorhang wurde schmerzliche Realität. Er trennte Völker und Familien. Europa war gespalten. Es gab einen freien Teil und einen umzäunten, dessen Grenzen mit Stacheldraht gesichert, von Bluthunden bewacht und nachts taghell erleuchtet waren. Die damalige BRD wirkte auf der politischen Landkarte wie ein schmales Handtuch zwischen Werra und Rhein. Frankreich hatte neben Italien damals eine der größten kommunistischen Parteien. Der Kalte Krieg war das Tagesthema in den Medien. Die Angst vor der Machterweiterung des kommunistischen Blocks bewegte die Menschen.

In jener Zeit rühmte sich Chruschtschow, dass er 1980 den letzten Christen als Relikt einer hinterwäldlerischen Epoche im Fernsehen zeigen würde. Ein in seinem ganzen Ausmaß im Westen nicht bekannter Kirchenkampf entbrannte in der Sowjetunion. Die ideologische Beeinflussung der Jugend war umfassend. Die Psychiatrie wurde missbraucht, um Regimegegner vergreisen zu lassen und damit mundtot zu machen. Der Gulag verschluckte ständig Regimekritiker, Dissidenten, nicht konforme Staatsbürger und auch viele Christen.

In diesen Jahren der totalen ideologischen Gleichschaltung war auch das Wort Gottes teuer. Es wurde heiß begehrt und sogar unter hohem persönlichem Einsatz in Geheimdruckereien hergestellt. Die Arbeit der Ostmissionen war damals wenig angesehen. Kreise in der evangelischen Kirche kritisierten offen unsere illegale Arbeit – wir würden den ökumenischen Dialog sowie zwischenkirchliche Beziehungen stören und den Christen im Kommunismus nur Schwierigkeiten bereiten. Von dieser Zeit erzählt das vorliegende Büchlein. Es möchte berichten, wie der Eiserne Vorhang doch nicht so dicht war wie angenommen. Wir waren damals alle keine Helden. Dieser Dienst an den Christen im Osten war mit viel Angst verbunden. Auf diese besondere Weise wollten wir nur den Missionsbefehl erfüllen. Es geht mir auch nicht darum, so genannten »Abenteurern Gottes« ein Denkmal zu setzen. Die genannten Personen und Begebenheiten sind nicht frei erfunden, wie es sonst in Romanen heißt. Hinter jedem kleinen oder größeren Bericht stehen Menschen, die Gott mehr gehorchen wollten als den damaligen Machthabern.

Erwin Damson

Löcher im Eisernen Vorhang

Wer hätte je gedacht, dass einmal die peinlichen und scharfen Grenz- und Zollkontrollen beim Übertritt in die Ostblockstaaten aufhören würden. Dass die Bibel nicht zum verbotenen Buch erklärt und beschlagnahmt würde.

Erlebnisse und Zwischenfälle an Grenzen und mit Grenzern und Zollbeamten gehörten bis zur politischen Wende im Ostblock zu den häufigeren Erfahrungen bei der Arbeit von »Licht im Osten«. Wir suchten nach Löchern in den scheinbar hermetisch abgeriegelten Ostgrenzen. Meine Mitarbeit seit 1973 bei »Licht im Osten« in Korntal, wie auch unsere gesamte Missionsarbeit, war über viele Jahre von dem Ziel geprägt, Bibeln und Literatur hinter den Eisernen Vorhang zu bringen. Diese Tätigkeit geschah im Verborgenen, in aller Stille. Wir haben keine Propaganda damit gemacht. Die Arbeit sollte nicht gefährdet werden. Heute kann darüber berichtet werden. Weil allein unserem Herrn die Ehre gehört, sollen auch keine Menschen verherrlicht werden. Er hat viele Menschen mutig gemacht, im Gehorsam diesen Dienst zu tun.

Seinen Anfang hat dies alles mit einem Ausflug des Rutesheimer CVJM genommen. Unser Ziel war Prag, die Goldene Stadt und Metropole der Tschechoslowakei und Ziel unzähliger Touristenströme. Der Prager politische Frühling wurde durch den Einmarsch der Warschauer Paktstaaten 1968 zerschlagen. Das Leben normalisierte sich offensichtlich rasch. Und doch tobte im Verborgenen ein böser Kampf gegen die Kirchen. Hatten die bummelnden Touristen auf dem Altstädter Ring die brutale Niederschlagung der Demokratiebewegung unter Dubcek und die Selbstverbrennung des Studenten Jan Pallach auf dem Wenzelsplatz vergessen? Wir reisten in ein Land mit einer kommunistischen Regierung. Wir wussten auch, dass die Kirchen unter gewaltigem Druck der Behörden standen. Ihnen wollten wir helfen und so besorgten Richard Berner und ich beim Missionsbund in Korntal Bibeln und tschechische Literatur. Nur einige Mitreisende hatten wir über unsere gefährliche Fracht informiert. War sie gut genug im persönlichen Gepäck versteckt? Den Hauptanteil der Bibeln hatte ich in meinem Koffer. Wenn etwas schief gehen sollte, dann wollte ich auch die Hauptverantwortung tragen.

So kam, was kommen musste. Ausgerechnet mein Koffer wurde als einziger unter den vielen vom Zollbeamten ausgewählt, etwas genauer inspiziert zu werden. Ein Ausweichen war nicht möglich. Waren wir an der bayerisch-tschechischen Grenze am Ende des Ausflugs? Das Verhängnis nahm seinen Lauf. Würde unser Bus kollektiv bestraft und zurückgeschickt werden? In Sekundenschnelle spulte ein ganzes Szenario von Ängsten und Hoffnungen in meinem Inneren ab. Es bestand aber auch noch die Möglichkeit, dass Gott ja da war und eingreifen könne. In diesem Wechselbad der Gefühle öffnete ich meinen Koffer.

Meine Frau hatte die nicht kleine Menge an gefährlichem Gut geschickt verpackt. Aber war es wirklich das Geschick menschlicher Hände? Ich bin der festen Überzeugung, dass unser Herr damals selber über seinem Wort gewacht und dem Zöllner die Augen verschlossen hat. Sehr gerne hätte ich meine mitreisenden Geschwister an meiner Dankbarkeit teilnehmen lassen. Damit musste ich dann warten bis zur Heimfahrt.

Das war die erste, entscheidende und mutmachende Erfahrung am Eisernen Vorhang. Dieser war also gar nicht so dicht. Er hatte Löcher. Es gab Mittel und Wege, der bedrängten Gemeinde Jesu im kommunistischen Machtbereich zu helfen. Es brauchte nur ein wenig Mut und Phantasie, zusammen mit dem nötigen Gehorsam für diesen besonderen Dienst.

Fast gescheitert

Während unsere Reisegruppe das wunderschöne Prag besichtigte und sich immer wieder köstlich über den hintersinnigen Humor der böhmischen Stadtführer über ihre russischen Befreier und deren Verbündete amüsierte, waren Manfred Länder und ich unterwegs, um den Kontakt zu »unserer« Adresse herzustellen. Mehrere Tage standen wir vor einer verschlossenen Tür. Unsere Spannung und Nervosität wuchsen. Die Tage in der Stadt gingen zu Ende. Am Vorabend des Abreisetages wagten wir einen letzten Versuch – wieder ohne Erfolg. Wir klingelten vergeblich. Der Ton der Glocke war wie Hohngelächter. Die Tür blieb verschlossen. Leise beteten wir vor der Tür, dass uns Gott doch eine Möglichkeit zeigen würde, unsere Bibeln und Literatur abzugeben. Es war wirklich die letzte Chance. Heute noch kann ich diesen Augenblick größter Anspannung nachempfinden. Wir zögerten zu gehen. Plötzlich hörten wir, wie langsame Schritte die Treppe emporkamen. Der Blick des Mannes, wie er ängstlich-neugierig auf die Männer vor seiner Glastüre schaute, ist in meinem Gedächtnis haften geblieben. Schnell wich die Spannung. Es war »unser Mann«, der einige Tage verreist gewesen war. Es war ein Theologieprofessor und hatte eine Woche mit evangelischen Studenten auf einer Rüstzeit in der Tatra verbracht.

Dies war mein erster Kontakt mit der leidenden und verfolgten Gemeinde Jesu hinter dem Eisernen Vorhang. Auf dieser Reise lernten wir einen Theologiestudenten der Evangelischen Kirche der Böhmischen Brüder kennen. Er arbeitete als Heizer in einem großen Prager Hotel. Die kommunistische Regierung hatte kein Interesse, die vielen verwaisten oder von schon hochbetagten Pfarrern betreuten Gemeinden zu besetzen. Über diesen, ob seines momentan verfehlten Berufes recht unbekümmert erscheinenden Christen, lernten wir seinen Vater, Karel Matejka kennen. Dieser war Pfarrer in Rudzka, einem kleinen, verträumten Dörfchen in den Beskiden, einem waldreichen Mittelgebirge, etwa auf der Grenzlinie zur heutigen Slowakei. In dieser Landschaft mit seinen versteckten und verträumten Streusiedlungen hatte die Gegenreformation etwa 30 evangelische Gemeinden übrig gelassen.

Bei einem Besuch 1973 wurde dort in den Beskiden die Begegnung mit Pfarrer Karel Matejka zum entscheidenden Anstoß, hauptamtlich bei »Licht im Osten« mitzuarbeiten. Wie schon im Jahr zuvor bei unserer Prag-Reise, nahmen Richard Berner und ich mit Korntal Kontakt auf. Um diese Zeit herum wurde ich vom damaligen Missionsinspektor, Bernd Dyck, gebeten, in den Dienst des Missionsbundes zu treten. Schon einige Jahre trug ich mich mit dem Gedanken, in den hauptamtlichen Dienst zu gehen. Sollte er nun konkret werden? Da sich der Mensch in seinen Fähigkeiten oft erheblich überschätzt, machte ich diesen Ruf von zwei Komponenten abhängig: Zum einen bat ich einige Brüder im CVJM Rutesheim um ihren Rat. Wir hatten damals ein kleines Gebetsstündle. Sie sollten entscheiden, nicht ich. Noch heute bin ich überrascht, wie schnell sie ein Ja hatten. Dann wollte ich noch selbst prüfen, ob ich denn einen Zug Heimweh in den Osten hätte. Auch da bekam ich grünes Licht. Das Pfarrhaus in Rudzka mit seinem mutigen Pfarrer lockte. Ich wollte wieder dort hin. Meine Frau und ich haben unsere Zukunft miteinander geprüft und vor Gott ausgebreitet. Wir wollten beide ein volles Ja von unserem Herrn erhalten. Und die Grenzen, die Kontrollen, die Geheimdienste – was war mit ihnen? Auch das unruhige Leben eines Mitarbeiters bei »Licht im Osten« mit seiner besonderen geistlichen Herausforderung – darüber denkt man mit 30 Jahren nicht so sehr nach. So wurde ich im Oktober 1973, vor nun 25 Jahren, Mitarbeiter von »Licht im Osten«, Missionsbund zur Ausbreitung des Evangeliums e.V.

Maiglöckchen in Moskau

Ein zweites, entscheidendes Erlebnis hatte ich 1974 in Moskau. Aber da war ich schon im Dienst des Missionsbundes. Auf dieser Moskau-Reise sollte ich erstmals die kirchliche Situation vor Ort etwas kennen lernen. Es war auch ein Kontakt mit Christen aus dem Untergrund geplant. Wer zum ersten Mal Moskau besucht, kann sich der eigenartigen Atmosphäre dieser Stadt nicht entziehen. Dort war die Schaltzentrale des Riesenreiches. Der gesamte Macht- und Unterdrückungsapparat war hier konzentriert. Mein Wissen über die Verfolgung und Bespitzelung der Gemeinden, über registrierte und nichtregistrierte Gemeinden war damals bescheiden. Es waren spannende und lehrreiche Tage. Mit offenen Augen und Ohren nahm ich die vielen neuen Eindrücke in mich auf. Meine Erwartungshaltung auch gegenüber den Christen war unvoreingenommen. In der Sowjetunion Christ zu sein, war für mich fast die Höchststufe bekennenden christlichen Glaubens. Aber ich traf ziemlich normale Menschen – ganz ohne Heiligenschein.

Mein erster Kontakt hat mich damals frustriert. Meine Frau hatte ein wunderschönes Korsett genäht, das eng um meinen Oberkörper lag. Etwa 6 Bibeln gelangten somit ins Rote Reich. Auch mein Gepäck war gut mit russischer Literatur gefüllt. Es war eine unbequeme Reiserei. Zudem hielt mich die Angst in Atem. Unsere beiden Untergrundchristen, Vater und Tochter, nahmen recht gleichgültig und ohne scheinbar große Teilnahme eine ganze Tasche Bibeln entgegen. Wenigstens danken hätten sie können!

Mehr wollte ich nicht. Aber es war eine heilsame Erfahrung. Es ist mir deutlich geworden, dass wir aus Dankbarkeit unserem Herrn dienen dürfen und keinen Dank von Menschen zu erwarten haben. Es war ja auch keine Großtat, die ich vollbrachte.

Einige Gesangbücher wollte ich am anderen Tag in die registrierte Moskauer Baptistengemeinde mitnehmen. Es kostete einige Mühe, mich bei den beiden durchzusetzen. Sie wollten den Besuch verhindern und die restlichen Bücher auch noch haben. Und überhaupt: Das wären keine guten Christen. Sie würden das Evangelium verraten, weil sie die Gesetze des gottlosen Staates einhielten. Damals war der Konflikt zwischen den registrierten Gemeinden des Allunionsrates und den davon abgespaltenen Initiativbaptisten in voller Härte entbrannt. Eine Auseinandersetzung, die ihre Berechtigung hatte. Ein Instruktionsbrief von Chruschtschow legte das baptistische Gemeindeleben nahezu lahm. Die Initiativbaptisten waren der ständige, schmerzende Nerv in der Bruderschaft der Evangeliumschristen-Baptisten in der Frage, wie weit man Gott oder dem atheistischen Staat gehorchen müsse. Nicht biblisch war dann das Richten über den Glauben der Mitglieder der registrierten Gemeinden. Das steht allein Gott zu.

Dieses erste Erlebnis bewahrte mich in den folgenden Jahren vor einer übersteigerten Erwartungshaltung. Die Christen im Osten sind nicht deshalb bessere Christen, weil sie in einem ihnen feindlich gesinnten Staat leben. Jeder Christ, ob in Freiheit oder Verfolgung, hat sich in seinen jeweiligen Lebensumständen zu bewähren.

Die große Moskauer Zentralkirche war zum Gottesdienst brechend voll. Die Überfüllung wurde durch die wenigen arbeitenden Gemeinden der 12-Millionen-Stadt verursacht. Zum ersten Mal erlebte ich einen russischen Gottesdienst. Bis heute haben sich die Eindrücke nicht verflacht. Meine mitgebrachten Liederbücher wurden gerne und freundlich angenommen.

Nach dem Gottesdienst baten einige russlanddeutsche Teenies um eine deutsche Bibel. Sie lebten in Kasachstan und waren einige tausend Kilometer gefahren in der Hoffnung, in Moskau bei deutschen Touristen eine Bibel zu ergattern. Leider hatte ich nur noch ein kleines Gideon-Testament, das ich unglücklicherweise im Hotel gelassen hatte. So trafen wir uns an einer dunklen Ecke in der Nähe des 7 000-Betten-Hotels »Russia« wieder. Die Schatten der Basilius-Kathedrale gaben einen interessanten Rahmen für unseren Tausch: Ein gebrauchtes deutsches Neues Testament gegen einen kleinen Strauß Maiglöckchen, den die Mädchen inzwischen erstanden hatten.

Nun war mein Weg klar! Da begaben sich junge Menschen auf einen weiten Weg, nur für das Wort Gottes. Wenn diese so viel einsetzen, um das Wort Gottes zu bekommen, sollte ich dann nicht auch einen solchen Einsatz bringen? Es wurde mir deutlich, wie teuer und kostbar das Wort Gottes Menschen sein kann. In unseren Lagern in Korntal waren viele Bibeln vorhanden. Das sollte nicht länger so bleiben. Dieser Abend im Juni 1974 in Moskau war wie eine Initialzündung.

Mutige Christen im Waldgebirge

Nicht Schneewittchen wohnte dort, sondern die Großfamilie des alten, fast 80jährigen Vaters Sedlaèek. Drei Generationen lebten auf seinem einsamen Bauernhof beieinander. Ganze Räuberbanden hätten sich in dieser kaum bewohnten waldreichen Gegend in den böhmischen Beskiden verstecken können. Mir wurde bei unserem Besuch klar, warum sich gerade in dieser Landschaft viele evangelische Gemeinden über die lange Zeit der Gegenreformation hatten halten können. Die bäuerliche Großfamilie gehörte zur Gemeinde Rudzka von Karel Matjeka, jenem eingangs erwähnten Pfarrer der Evangelischen Kirche der Böhmischen Brüder.

Ein großer Teil der tschechischen Literatur, die unsere ehrenamtlichen Helfer illegal ins Land brachten, wurde in diesem einsamen Gehöft zwischengelagert, bis sie dann tröpfchenweise über zuverlässige Kanäle in ein Verteilnetz abfloss. Der Schrecken saß tief, als eines Tages die Polizei mit einem Großaufgebot das bäuerliche Anwesen umzingelte. Bald meldeten die Beamten Vollzug. Das umfangreiche Literaturlager unter dem Dach der Scheune war entdeckt worden. Es war ein gewaltiger Berg Bibeln und Bücher, der sich vor den Augen der staunenden Polizisten auftat. Da ihr Befehl wohl nur auf Verdacht des Empfangs illegaler Schmuggelware lautete, wurde die Scheune versiegelt und den Bauersleuten unter Androhung einer hohen Geldstrafe verboten, das Siegel zu beschädigen. Am nächsten Tag würde ein Lkw kommen und die Schriften abholen. Aber was taten unsere beiden böhmischen Schwejks, der schlaue, 80jährige Großvater Sedlacek und mein väterlicher Freund Karel?

Bei Dunkelheit nahmen sie eine lange Leiter, deckten das Dach teilweise ab und retteten dann unter Umgehung des versiegelten Eingangs zur Bodenkammer den größten Teil der Literatur vor dem Abtransport und damit der sicheren Vernichtung. Die ganze Angelegenheit ging schließlich glimpflich mit einer Geldstrafe aus. Diese Geschichte lässt sich heute leicht nacherzählen. Wir leben in einer anderen Zeit. Damals gehörte Mut dazu, gegen die staatliche Ordnung zu verstoßen. Der Vorfall hätte Karel Matjeka die Entlassung aus dem Pfarrdienst bringen können. Das wäre schlimmer gewesen als jede Geldstrafe. Das Apostelwort, dass man Gott mehr gehorchen müsse als Menschen, wurde mir bei einem Besuch auf dem Hof, und als die beiden zu erzählen anfingen, recht anschaulich.

Wer sich fürchtet, muss nicht in den Wald

Pfarrer Karel Matejka hat mich in den ersten Jahren meiner Mitarbeit bei »Licht im Osten« entscheidend durch seine Persönlichkeit geprägt. Bei jedem Besuch lernte ich neu von ihm Weisheit, Schläue, Lebenserfahrung und vor allem an Glauben. Seine Lektion über die Furcht hatte er mir schon ganz am Anfang unserer Freundschaft mitgegeben. Er war ein unerschrockener Kämpfer und Zeuge für seinen Herrn. Dies hatte er schon in der Zeit, als sein Land besetzt und ein Protektorat des Deutschen Reiches war, bewiesen. Als Pfarrer war er eineinhalb Jahre in einem deutschen Konzentrationslager inhaftiert gewesen. Damals musste er wohl gelernt haben, was Furcht heißt. Wer sich fürchtet, soll lieber nicht in den Wald gehen, d.h. keine illegale Arbeit tun. Das war seine Botschaft an mich, als wir einmal über die Bewältigung der Angst sprachen.

Diese KZ-Haft hatte ihn indirekt vor größeren Schwierigkeiten bei jener Literaturaktion bewahrt. Ein Mitgefangener war zu jener Zeit Minister in Prag. Im KZ hatten die beiden eine Pritsche geteilt. Der eine war nun Pfarrer, der andere ein hoher kommunistischer Funktionär. Mit diesem Pfund konnte Karel nun wuchern. Er tat dies so geschickt mit einer Mischung aus autoritärer Forschheit und einer gespielten, aber tatsächlich nicht vorhandenen Verbindung zur kommunistischen Schaltzentrale, so dass die Ermittlungen gegen ihn eingestellt wurden.

Auch im Verhältnis zu seiner Kirche bewies er großen Mut. Er blieb dem Evangelium treu. Politische Predigten waren ihm ein Gräuel. Er wollte nur die Botschaft von der Erlösung durch Jesus Christus verkündigen. Sein Blick für Fehlentwicklungen war durch sein Leben und die Bibel geschärft. So lehnte er auch die Friedenspriester-Bewegung ab. Sie wurde unter Pfarrer Hromadka, einem Theologen seiner Kirche, gegründet. Dieser vertrat die These, dass eine Verbindung des christlichen Glaubens mit der kommunistischen Ideologie möglich sei. Seine Idee eines christlichen Marxismus zündete rasch in einem Teil der Pfarrerschaft der Ev. Kirche der Böhmischen Brüder und breitete sich rasch im ganzen Ostblock aus. Die CFK (Christliche Friedenspriester-Konferenz) fand in jedem kommunistischen Land Nachahmer und wurde von den kommunistischen Regierungen unterstützt. Die Kirchen sollten damit in den Dienst der Weltrevolution genommen werden. Eine starke Gruppe, darunter Karel Matejka und der jetzige Synodalsenior der Evangelischen Kirche der Böhmischen Brüder, Pavel Smetana, gehörten zu den Kritikern. Der Westen hat die Bewegung schnell entlarvt. Zu offensichtlich war die Taktik der Kommunisten.

Professor Klaus Bockmühl hat die Beziehung von Marxismus und Christentum einmal mit gebratenen Schneebällen verglichen: Sie schließen einander aus, da der Kommunismus in seinem Wesen gottlos, atheistisch ist. In jenen 70er Jahren entbrannte im Westen eine heftige Diskussion, ob evangelische Pfarrer Mitglied der Kommunistischen Partei sein können. Wie können sich christlicher Glaube und gottlose Ideologie je vertragen?

Die eindrücklichste Begegnung mit Karel hatte ich Mitte der 80er Jahre. Seine tüchtige Frau war inzwischen heimgegangen. Die Söhne waren verheiratet. Nur die einzige Tochter Maika, eine hochbegabte Mathematikstudentin, war noch zu Hause und versorgte den Vater samt Pfarrhaus und Garten. Maika erkrankte ernstlich an einem Hirntumor. Die Krankheit zog sich hin; auf Zeiten der Hoffnung folgten Wochen tiefer Niedergeschlagenheit. Ihr Zustand verschlechterte sich permanent. In dieser Zeit besuchten wir, Pfarrer Dr. Heiko Krimmer, unser damaliger Vorsitzender, und ich, wieder einmal unser vertrautes Pfarrhaus in Rudzka. Es war auch ein Abschied von Maika. Bei unserer Gebetsgemeinschaft am Ende unseres Besuches erlebten wir das Ringen eines liebenden Vaters um seine Tochter. Er wusste ja um ihren ernsten Zustand. Es war aber auch ein Ringen im Gebet, um unter dem Willen Gottes zu bleiben. Aus dem anfänglichen Klagen und Rechten mit Gott wurde in dieser langen Gebetsgemeinschaft ein Dank für die Liebe Gottes in Jesu Christi. Karel gab in diesem Gebet seine Tochter an Gott zurück. Unwillkürlich musste ich an Hiob denken und auch an die Psalmen. Wie oft verwandelt sich dort die Klage des Beters in Frieden und Lob. Danach gab es einen stillen und nachdenklichen Abschied. Einige Tage später ging Maika heim.

Gott mehr gehorchen als den Menschen

Unsere illegale Arbeit der Einschleusung von Bibeln und christlicher Literatur in die Oststaaten geschah ständig im Spannungsfeld von Römer 13. Jede Regierung, auch die kommunistische, ist schließlich von Gott eingesetzt. Wir gaben uns einige Leitlinien zur Legitimation dieser Arbeit. Sie konnten, je nach persönlicher Einstellung, eine Hilfe sein. Interessant war, dass Theologiestudenten und Pfarrer mehr Bedenken hatten als wir Laien. Ich bin den Vorsitzenden Winrich Scheffbuch und Dr. Heiko Krimmer dankbar, dass ich in dieser heiklen Aufgabe unter Zurückstellung mancher theologischer Bedenken freie Hand hatte.

Wie haben wir versucht, unserer Arbeit eine biblische Legitimation zu geben? In aller Kürze und nur grob möchte ich im Folgenden einige unserer Argumentationslinien nennen: Wenn ein Staat bewusst und gezielt Gott leugnet und Christen verfolgt, setzt er damit Römer 13 außer Kraft; er nimmt sich selbst seine Legitimation. Weiter argumentierten wir: Wenn wie bei der weltlichen Gesetzgebung Bundesrecht Landesrecht bricht, so ist für uns der Missionsbefehl Bundesrecht. Hier hat auch das Wort von Petrus, dass man Gott mehr gehorchen müsse als den Menschen, seinen richtigen Platz. Und schließlich: Konnten wir als Ostmission abseits stehen, wenn in der Sowjetunion Brüder und Schwestern unter größter Gefahr heimlich und illegal Bibeln druckten und dies in einigen Fällen mit hohen Haftstrafen bezahlten? Letztlich war dieser schwierige theologische Komplex für uns eine Frage des persönlichen Gehorsams.

Eine sehr schöne Stelle fanden wir im Alten Testament. Samuel ist im Auftrag Gottes unterwegs. Er soll David finden und zum neuen König von Israel salben. Eine ziemlich illegale Handlung in den Augen der damaligen, legitimen Regierung Sauls. David war dazu ausersehen, König zu werden und wurde von Samuel zum König gesalbt. In diesem Moment gab es zwei Könige. Was tat Samuel, als er nach dem Zweck seines Aufenthaltes gefragt wurde? Er verwies auf die Kuh, die er mit sich führte und opfern wollte. Den eigentlichen Zweck nannte er nicht. Das war genau unsere Situation. Wir waren im Auftrag des heimlichen und doch wirklichen Königs unterwegs. Die Einfuhr von Bibeln war verboten. Wir haben ganz klar gegen die formalen Gesetze des Landes verstoßen. Trotzdem nahmen wir uns die Freiheit, in dieser Form Gott zu dienen und an seinem Reich mitzubauen. Es waren gewiss Hilfskonstruktionen. Deshalb mussten wir an dieser Stelle auch die Gewissen freigeben. Niemand wurde gezwungen oder gedrängt, in ein kommunistisches Land zu fahren.

Trockenübungen

Unvergesslich bleiben die vielen prächtigen, meist jüngeren Christen, die den Mut hatten, in ihrer Freizeit ostwärts zu fahren. Zuvor aber gab es Schulungskurse in Friolzheim. Einmal jährlich hatten wir im dortigen Freizeitheim ein Trainingswochenende.

Bis zu 120 Ostfahrer versammelten sich im schönen Heim des Württembergischen Brüderbundes, um sich für einen Osteinsatz zurüsten zu lassen. Als Grundlage war uns die Motivation sehr wichtig. Wir wollten keine Abenteurer. So kurz und zackig nach Rumänien und zurück; das war eine schlechte Voraussetzung für diesen gefährlichen Dienst. Jeder neue Interessent musste von zwei Personen eine Empfehlung bringen. Wir legten großen Wert auf eine aktive Gemeindebindung. In Einzelgesprächen haben wir weiter die Ernsthaftigkeit neuer Ostfahrer geprüft. Schließlich stand vieles auf dem Spiel: Unverständnis der Eltern, Verlust des Arbeitsplatzes durch eine mehrwöchige Inhaftierung, Unterbrechung des Studiums oder der Schulausbildung usw.

Die Grundfrage jedoch war: Was geschieht bei einer Entdeckung der Ladung durch die Zollorgane? Wie verhalte ich mich beim Verhör, und bin ich unter Umständen bereit, auch einige Wochen ins Gefängnis zu gehen, für meinen Herrn Unannehmlichkeiten und Spott in Kauf zu nehmen? Leiden war das ja noch lange nicht.

Die Teams standen auf einer Ostfahrt unter extremer innerer Belastung. Sie waren Tausende von Kilometern auf engstem Raum beieinander. Sie kannten sich oft nicht gut genug. Es konnte vorkommen, dass nach einigen Tagen allein schon der Dialekt oder ein Lieblingsthema eines Fahrers genügte, um Uneinigkeit und Streit hervorzurufen. Es gab einzelne Reisende, die konnten den Tag nicht ohne ein ausgiebiges Müslifrühstück beginnen und setzten dies dann auch durch. Die anderen beiden des Dreierteams saßen auf der am Abend zuvor aus den Verstecken geholten heißen Ware wie auf glühenden Kohlen und bekamen bei jedem sich nähernden Auto Herzklopfen. Diesen wäre es am liebsten gewesen, sich sofort und ohne Frühstück der verräterischen Last zu entledigen. Manche waren auf diesen Reisen so nervlich angespannt, dass sie bei ihrer Rückkehr die tollsten Verfolgungs- und Überwachungsgeschichten erzählten. Ein Team ist einmal der ganz einfachen Tatsache erlegen, dass sich normalerweise Menschen auf den Bürgersteigen der Städte mustern, wenn sie sich begegnen. Das ist in Stuttgart nicht anders als in Bukarest. Sie fühlten sich ständig beobachtet. Unter solchen Spannungen litt auch die geistliche Einheit und auch dann das gemeinsame Beten. Mancher Ostfahrer ist recht überheblich in den Osten gestartet und kam dann kleinlaut zurück. Unter extremen Belastungen lernt der Mensch Gaben und Grenzen zu erkennen. So waren diese Fahrten für viele auch eine wichtige Glaubens- und Lebensschule. Deshalb haben wir in Friolzheim alle diese Punkte angesprochen und dann auch Scheinverhöre durchgespielt, Szenarien entwickelt usw.

On the Border

Der schwierigste Teil einer Reise war meist der Grenzübertritt. Stundenlanges Warten in glühender Hitze steigerte die Spannung oft ins Ungewisse. Es kostete schon etwas Zeit, Schweiß und Nerven, bis man ins »sozialistische Paradies« eingelassen wurde. Nicht jeder hatte die eisernen Nerven wie Jürgen Schanz. Seine Freunde im CVJM nannten ihn Teefix (Teebeutel). Er war eher ein mittelmäßiger Schachspieler. An der ungarischen Grenze wurde er von einem schachspielenden Zöllner zu einer Partie eingeladen. Währenddessen inspizierten seine Kollegen unseren Fiat-Bus, ein fast schon legendäres Vehikel unter Ostfahrerkreisen.

Irgendwie musste Teefix an einen großen Meister geraten sein. Teefix gelangen einige so geniale Züge, dass bald sämtliche Zöllner das Spiel mitverfolgten. Er gewann schließlich die Partie. Es war ein ganz ungewöhnlicher Kairos Gottes, der ein Schachspiel dazu benutzte, dass nicht aufmerksam nach Verstecken gesucht wurde. Es erfolgte keine weitere Inspizierung des Wagens.

Die Pannen mit diesem Fahrzeug sind kaum zu zählen. Manche Fahrer entwickelten geradezu eine unmenschliche Zuneigung zu diesem, technisch gesehen, Un-Auto. Es war überhaupt kein Verlass auf den Fiat. Aber er hatte genial eingebaute Verstecke. Deshalb war er so beliebt, trotz aller störrischen und bockigen Eigenarten. Es kann kaum nachempfunden werden, wenn der Karren zum Beispiel ausgerechnet im Niemandsland der DDR-Grenze seinen Geist aufgab und von der Besatzung in die BRD zurückgeschoben werden musste.

Eine logistische, fachliche und intellektuelle Meisterleistung erbrachte unser jetziges Vorstandsmitglied Oskar Fenzlein. An einem Freitag blieb der Bus wieder einmal stehen, diesmal in Südpolen. Oskar überwand dann in einer Zeit, in der keine Grenze des Ostblockes ohne Visum passiert werden konnte, die polnische und tschechische Grenze. Das Kunststück bestand darin, die Zöllner zu überzeugen, dass er ohne Visum herauskam und mit Motor wieder hinein. Diesen hatte er auf einem zweirädrigen Hausfrauen-Einkaufswagen dabei. Oskars freundlicher Art und Überzeugungskraft gelang dieser Überzeugungs-Härtetest. In Wien musste dann eine Fiat-Vertretung gefunden werden. Kurz vor Feierabend am Freitag hatte er den neuen Motor. Die Geldanweisung aus Korntal – man bedenke am Freitag – war eine weitere Hürde. Dann ging's mit der Kiste und neuem Motor die ganze Strecke per Anhalter zurück. Haben sie schon einmal einen Motor auf einem Parkplatz, ohne größere Hilfsmittel, eingebaut? Auch das gelang. Die Fahrt konnte fortgesetzt werden. Zwischen der ersten und zweiten Nacht auf jenem polnischen Parkplatz wurde versucht, die Scheinwerfer zu stehlen. Die schlafenden Ostfahrer bemerkten ein leichtes Schwanken. Aber da war es zu spät. Der linke Scheinwerfer fehlte. In der zweiten Nacht sollte die rechte Seite abmontiert werden. Diesmal waren unsere Leute schneller und die dreisten Diebe verschwanden in der Nacht. Unser geliebter alter Fiat hat in den Ostfahrerkreisen von »Licht im Osten« richtig Geschichte gemacht.

Übrigens haben die DDR-Behörden einige Jahre später das Auto beschlagnahmt. Glücklich sind sie mit dem altersschwachen Patienten sicher nicht geworden. Da empfinde ich heute noch Schadenfreude. Um die guten Verstecke war es uns allen schade. Wir trauerten in Korntal um unseren Fiat 238er wie um einen vertrauten Bekannten. Dass uns nicht der natürliche Tod, sprich Verschleiß, voneinander schied, sondern die Stasi, lag am Verrat eines Ostberliner Pfarrers, der sich bei uns eingeschlichen hatte.

Wir gaben unseren Bibelfahrern immer wieder diesen Leitsatz mit: Ein guter Ostfahrer kontrolliert sich selbst und auch die Zöllner. Er muss sich ziemlich gut im Griff haben. Die Grenzorgane waren ja psychologisch geschult und pickten sich geübt unsicher oder auch unnormal erscheinende Reisende heraus. Es galt, sich so normal wie jeder andere Reisende zu benehmen. Das bedeutete auch, touristische Fragen zu stellen. Wo kann ich Geld wechseln? Oder: Darf ich die Illustrierte »Stern« mitnehmen oder den »Spiegel«? Drucksachen wurden in aller Regel beschlagnahmt. Zur Ablenkung der Zöllner hatten wir regelmäßig Illustrierte mitgegeben.

Fast regelmäßig wurden die Reisenden nach ihren Reisezielen gefragt und ob Bekannte besucht würden. Wer mit der Antwort zögerte, war verdächtig. Zum Standardfragenkatalog der Beamten gehörte: »Haben Sie Waffen, Funkgeräte, Rauschgift, Pornographie oder Bibeln dabei?« Nicht immer wurde nach all diesen ungewöhnlichen »Handelsartikeln« gefragt, aber doch auszugsweise.

Fußball: Die herrlichste Nebensache der Welt

Eine gute Möglichkeit war der Besuch von internationalen Fußballspielen. Deshalb freuten wir uns über jede Begegnung einer deutschen Mannschaft mit Teams aus dem Ostblock. Unsere Leute waren dann selbstverständlich dabei. Fanartikel gehörten dabei zur Standardausrüstung. Manche unserer jungen Brüder haben dann ihre Hausaufgaben schlecht gemacht und die Namen der Spieler nicht auswendig gelernt. So hatten sie keine Grundlage für ein »Fachgespräch« über die wichtigste Nebensache mit den Grenzern. Mit Schrecken denke ich noch heute an einen Vorfall an der rumänischen Grenze. Zwei unserer Teams trafen sich dort und wurden fast gleichzeitig abgefertigt. Alle acht Mann wurden wir wegen des bevorstehenden UEFA-Cup-Spiels in Fachgespräche verwickelt. Als etwas auffällig in Erscheinung tretende Fans hätte man das erwarten können, dass sie mindestens teilweise die Mannschaftsaufstellung wussten. Zuletzt trafen sich sechs davon auf der Toilette. Nur so konnten sie ihre totale Ahnungslosigkeit verheimlichen.

Durch schweren Unfall gesegnet

Ein solches Pseudofußballteam verunglückte einmal in stockdunkler Nacht in den Karpaten. Die Brüder sollten laut Auftrag die Begegnung Crajova gegen Borussia Mönchengladbach besuchen. Durch den langen Anfahrtsweg und Staus kamen sie gerade noch zu den Schlussminuten des Spiels. Aber sie waren immerhin dort und sahen das Stadion von außen. So fuhren sie gleich weiter nach Brasov (Kronstadt), um dort bei Adolf Novak abzuladen. Um Mitternacht wurde die Literatur auf halber Höhe zur Pojana, einem Hotel- und Ausflugskomplex ca. 15 km oberhalb der Stadt, übergeben. Die Teams hatten in der Regel den Auftrag, sich dann noch ein bis zwei Stunden vom Übergabeort zu entfernen.

Inzwischen war es 3.00 Uhr nachts geworden. Schneetreiben setzte ein. 20 Stunden Fahrt ohne Schlaf und der erfüllte Auftrag zeigten ihre Wirkung. Die Spannung wich und damit die Aufmerksamkeit. So fuhr Werner Brucklacher, ein Landwirt aus Betzingen am Fuße der Schwäbischen Alb, frontal gegen einen Strommasten aus Beton. Durch den starken Aufprall wurde er total eingeklemmt. Es gab keine Möglichkeit, in dieser einsamen Berggegend einen Rettungsdienst zu alarmieren. Aber unser Herr hat auch in solch ausweglosen Situationen Mittel und Wege zu helfen. Eine Streife des rumänischen Straßendienstes kam, wie später zu erfahren war, ganz außerplanmäßig – immerhin nachts um 3.00 Uhr, vorbei. Der verunglückte Bruder wurde dann vom rumänischen Rettungsdienst geborgen und lag lange Stunden unversorgt in einem wenig einladenden Bezirkskrankenhaus. Nach einigen Tagen wurde er wegen seiner komplizierten Gesichtsverletzungen nach Bukarest verlegt. Werner hatte im Gesicht alles gebrochen und zerquetscht, was nur möglich war: Nasenbein, Backenknochen – das Gesicht war nur noch eine unkenntliche Masse Fleisch. Es gelang dann durch die Geschäftsverbindung einer Metzinger Firma, von einem rumänischen Arzt eine Transportfähigkeitsbescheinigung zu bekommen. Dies kostete allerdings eine kleine Gefälligkeit. Werner war so schwer verletzt, dass es ein Risiko war, ihn zu transportieren. Die Entscheidung ist dann doch nach verantwortlicher Abwägung für den Transport gefallen. Die Lufthansa verlangte für den Schwerverletzten diese Bescheinigung. Unser Freund lag anschließend sechs Wochen in der Uniklinik in Tübingen, genau während der Zeit der Aussaat. Aber auch da sorgte unser Herr. Freunde bestellten für ihn die 50 Hektar Land. Die Frucht durfte wachsen und reifen.

Für unseren Bruder war diese Zeit eine der gesegnetsten in seinem Leben. Noch nie sei ihm Jesus so nahe gewesen wie in diesen Wochen der absoluten Hilflosigkeit, in denen er, menschlich gesehen, alles loslassen musste. Die Tübinger Spezialisten haben ihn dann wieder ganz passabel zusammengeflickt.

Den zertrümmerten Bus haben wir später aus Rumänien herausgeholt. Die Verstecke im hinteren Teil waren durch den Unfall nicht zerstört und unsichtbar geblieben.

Darf man als Christ lügen?

Was aber sollten unsere ehrenamtlichen Mitarbeiter tun, wenn – wie bekannt – die Standardfrage an einer Ostgrenze gestellt wurde: »Haben Sie Waffen, Rauschgift, Funkgeräte, Pornographie oder Bibeln dabei?« Was die ersten Artikel anbelangte, so konnte man ja ruhigen Gewissens mit nein antworten und dann die Hoffnung haben, dass diese pauschale Antwort genügen würde. In den meisten Fällen war das auch so. Ein Ja auf die Frage nach Bibeln war absolut unmöglich und hätte die ganze Aktion scheitern lassen. Eine amerikanische Mission hatte als unabdingbare Regel aufgestellt: Keine Verstecke, keine verbalen Ausflüchte, keine Taktik, nur absolutes, pures Vertrauen. Der Erfolg der Grenzorgane war grandios. Kaum ein Team kam durch, nicht mit der Bahn und auch nicht mit Pkws.

Nun, wir vertrauten auch. Selbstverständlich wurde vor dem Grenzübertritt gebetet. Wir in der Etappe falteten ebenso die Hände, dass der Herr über seinem Wort und dem Fahrzeug wachen möge. Aber wir gaben unseren Fahrern auch einige Hilfsmittel, einige Ausflüchte mit auf den Weg. Wir gaben unseren lieben Schwestern den Rat, sich etwas »weltlicher« und farbenfroher zu gestalten, als es sonst in unseren Kreisen üblich ist. Durch dieses farbenfrohe Styling war mindestens ein Gefahrenpunkt beseitigt. Aus Gesprächen von Zöllnern hatten wir gehört: Da kommen wieder die Frommen. Sie wurden offenbar an ihrem Aussehen erkannt. Nach einer solchen kleinen Verwandlung ermunterten wir unsere Schwestern, nicht zu steif und abweisend auf die Späße der Zöllner zu reagieren und auch ein wenig mit ihnen zu lachen, ganz locker und entspannt. Das Verdachtsrisiko wurde wesentlich gemindert, und der Erfolg gab uns Recht.

Auf eine gezielte Frage nach Bibeln gaben wir den Rat, mit einer Gegenfrage zu kontern: Wieso, möchten Sie eine haben? Oder: Seh ich so aus? Ein Fahrer hatte einmal seinen Kombi mit Bibeln vollgeladen, ganz offen, nur mit einer Decke und anderen Gepäckstücken zugedeckt. »Haben Sie Bibeln dabei?«, wurde er gezielt gefragt. »Ja, der ganze Kofferraum ist voll«, gab er zur Antwort. Der Zöllner quittierte mit einem ungläubigen Lachen, und die Kontrolle war beendet. Solche Erlebnisse waren jedoch selten. So einfach wurde es uns nicht gemacht. Die Situationen an der Grenze waren oft tragisch und komisch. Jeder Bibeltransporteur machte seine eigenen und ganz persönlichen Erfahrungen.

Eine großartige persönliche Bewahrung erlebten wir als Familie im November 1973. Es war unsere erste Fahrt nach Rumänien, gleich zu Beginn meines Dienstes. Mit dabei war unser zweijähriger Daniel. Die Bibeln waren wohl gut in den Verstecken verstaut. Wir hatten aber so viele »Bestellungen« und Hilfsgüter dabei, dass man selbst von einem nachlässigen Zöllner zwangsläufig genauer untersucht werden musste. Wir hielten Daniel so lange wach, dass er dann an der Grenze, es war inzwischen fast Mitternacht geworden – tief und fest schlief. Der Zöllner hatte ein Einsehen und schloss die Autotüre behutsam, um das Kind nicht zu wecken. So hat uns der Herr damals durch ein müdes Kind geholfen. Dem inzwischen jungen, verheirateten Mann hat die Rumänientour nicht geschadet. Den

Missbrauch seiner frühen Kindheit hat er seinen Eltern großzügig verziehen. Überhaupt waren uns bei diesem Geschäft Familien mit Kindern höchst willkommen. Sie gaben die unverdächtigsten und harmlosesten Reisenden ab.

Großen Wert legten wir bei diesen Schulungen auch auf ein möglichst unverdächtiges Verhalten im Land. Hatte ein Team die Grenze einmal überwunden, war nur ein Teil des Auftrages erledigt. So schärften wir den Ostreisenden ein, nicht gleich nach dem Schlagbaum in einen Lobgesang einzustimmen oder gar noch im Niemandsland zu einer Gebetsgemeinschaft anzuhalten. Um nicht unnötig aufzufallen, besonders beim Kontaktieren der Abladestellen, durften modische Kleider eingepackt bleiben. Besser war, sich der etwas tristen Mode der sozialistischen Länder anzupassen. Erst nach dem Abladen durfte man wieder ganz Tourist sein.

Knoblauch hilft in vielen Fällen

Es kam nicht selten vor, dass die Fahrer gebeten wurden, Ausreisepapiere von Rumäniendeutschen, Post, Resolutionen von Dissidenten und Menschenrechtsgruppen auszuschleusen. Hinzu kamen Bitten, persönliche Wertgegenstände, Tafelsilber oder Familienporzellan und dergleichen in den leeren Verstecken mitzunehmen. Als Besucher fällt es sehr schwer, nein zu sagen. Deshalb gab es von »Licht im Osten« aus ein striktes Verbot für solche Gefälligkeiten. Wir riskierten gerne alles, um das Wort Gottes hinter den Eisernen Vorhang zu bringen. In monatelanger, filigraner Arbeit wurden die Fahrzeuge von unserer Werkstatt umgebaut. Für das Wort taten wir alles. Für die anderen Anliegen wollten wir uns nicht engagieren. Wir riskierten die Entdeckung, die Beschlagnahmung des Fahrzeugs. Ein zufällig entdecktes leeres Versteck war bei der Ausreise unproblematischer. Da konnte man sich ahnungslos stellen. Die Bibeln und die Bücher für die Gemeinde – das alles hatte erste Priorität. Der geistliche Bereich musste vom weltlichen unbedingt getrennt werden. Wir wussten uns so geführt.

Zwei junge CVJM-ler konnten trotz des klaren Verbots einmal nicht absagen. So fuhren sie mit dem gleichen Gefühl wie bei der Einreise wieder der Grenze entgegen, Richtung Heimat. Sie hatten ja wieder Verbotenes dabei. Den beiden wurde es dann doch ungemütlich. Die Zeit des Grenzübertritts rückte näher. Das bunte Treiben eines Bauernmarktes brachte sie auf eine außergewöhnliche Idee. Knoblauch – das war die Rettung! Jeder kaufte sich eine ganze Knolle des edlen Gewächses. Dergestalt durchdringend getränkt mit dem Geruch dieser Pflanze fuhren sie Richtung Grenze, hoffend, dass die komprimierte Duftwolke aus dem Innern des Fahrzeugs ihre abschreckende Wirkung zeigen würde. Ihre Spekulation ging auf. Mit einem nicht zu beschreibenden Gesichtsausdruck hat der Beamte angewidert die Türe wieder geschlossen und den beiden befohlen, weiterzufahren. Bei ihrer Ankunft in Korntal eineinhalb Tage später, schlug mir eine ähnliche Duftwolke entgegen, wie sie wohl den Zöllner zur Aufgabe getrieben hatte. Die beiden hatten es nach ihrem Reisebericht eilig. Sie wollten zum CVJM-Landestreffen. Was sie wohl dort für Fragen und Reaktionen ausgelöst haben?

Schweigen ist besser als Angeben

Um diese illegale Arbeit nicht zu gefährden, haben wir den Fahrern verboten, von ihren speziellen Ostreisen zu berichten. Es war ein Dienst in der Stille. Jesus war ihr Auftraggeber, er hatte gnädig bewahrt und den Grenzern die Augen zugehalten. Ihm sollten auch der Dank und die Ehre gehören. Bei einem eventuellen Erzählen im Jugendkreis usw. wäre ihm die Ehre genommen worden. Der tüchtige Mensch hätte im Vordergrund gestanden, sein Mut wäre bewundert worden. Seine Angst an der Grenze, sein Beten um Durchhilfe – all das wäre unmerklich in den Hintergrund getreten. Auch den Eltern sollte möglichst wenig vom eigentlichen, gefährlichen Auftrag erzählt werden. Das führte oft zu großen Spannungen und Sorgen der Eltern. Nicht wenige Male musste ich besorgte Eltern beruhigen bis dahin, dass uns schwere Vorwürfe gemacht wurden, wie unverantwortlich wir junge Leute gefährdeten. Offenbar ist es nicht leicht, Kinder loszulassen, ins Ungewisse hinein und das Vertrauen Gottes einmal wirklich herauszufordern. Die Sorge war ja auch nicht unberechtigt. Es kam einige Male vor, dass Teams an der Grenze entdeckt wurden. Es gab Verhaftungen, lange, nervenaufreibende Verhöre und Drohungen bis hin zu teilweise wochenlangen Aufenthalten in Gefängnissen.

Abenteurer Gottes

Erschwerend für diese Arbeit waren die Sensationsberichte einiger großer internationaler Ostmissionen »direkt von der Schmuggelfront«. In greller Weise wurde das Leiden der Christen hinter dem Eisernen Vorhang geschildert und wie Bibelkuriere in mutigen Einsätzen unterwegs waren. Sie wagten alles und konnten zu Hause von den wunderbarsten Glaubens- und Gebetserfahrungen berichten. Oft fehlte nur noch der letzte Zentimeter, z.B. das Öffnen einer kleinen Schraube bis zur Entdeckung der Ladung. Ärgerlich und unpassend waren besonders solche Schilderungen, wenn Zöllner als dumm und beschränkt dargestellt wurden. Oder es wurde geschildert, wie im Schatten der Roten Mauer in Moskau Bibeln übergeben wurden. Meist sahen die Polizei und der Zoll schlecht aus – diese waren ja auf der Seite des Verlierers; die Kuriere dagegen hatten den starken Gott als Verbündeten. Nicht dass dies nicht alles wahre Erlebnisse gewesen wären. Wir haben in jener Zeit Wunder erlebt. Gott hat oft ganz unmittelbar eingegriffen. Es waren wertvolle geistliche Erfahrungen, die in den Jahren dieses besonderen geistlichen Krieges gesammelt werden durften. Aber wie schnell konnten sich die Akzente verschieben, und man wurde zum Held. Aber das waren wir alle nicht. Wir hatten alle Angst. Man ging auf solche Fahrten mit Zagen und Zittern, mit jenem unbestimmten Gefühl in der Magengegend, das jeder angesichts der Uniformen kannte, wenn eine Reise zu Verwandten in die DDR anstand. Das Ergebnis dieser Gottesschmuggler-Berichte war eine erhöhte Aufmerksamkeit der Grenzorgane. Entsprechend waren ihre Erfolge. Aber das störte nicht. Man hatte sein Flair und seine Story als Abenteurer Gottes im Missionsblatt. Man konnte zum Beispiel genau verfolgen, wie nach einem schriftlichen Bericht über die illegale Einfuhr von Bibeln nach Moskau mit einer Verzögerung von einigen Monaten sämtliche verdächtigen weiblichen Personen einer Leibesvisitation unterzogen wurden.

Wir müssen Sie leider dabehalten

Der Ernstfall trat dann ein, wenn die Zöllner fündig geworden waren. Bei der Schulung spielten wir die verschiedenen Verhaltensmuster von Opfer und Täter durch. Dazu hatten wir eigens einen aktiven Kriminalkommissar dabei, der uns ein wenig in psychologische Zusammenhänge einführte. Unsere Leute mussten um solche Vorgänge bei Tätern und Opfern bzw. Beamten und Verhörten Bescheid wissen. Die Angst und Ungewissheit, was passiert mir in der zugeschnappten Falle, die verbalen Drohungen wie »Wir müssen Sie eine Zeit dabehalten« usw. waren aufzuzeigen. Sie mussten wissen, nach welchem System Verhöre geführt wurden. In der Regel wechselten sich zwei Beamte beim Verhör ab. Die beiden waren in ihrer Art grundverschieden. Es gab einen Angst machenden, grobschlächtigen Drückertyp, oft auch schon rein äußerlich als solcher erkennbar. Er hatte nur die Aufgabe, einzuschüchtern. Er drohte und sprach in Rätseln, so als ob er alles wüsste. Um diesem Würgegriff zu entkommen, freundet man sich mit seinem Kollegen an, der ganz das Gegenteil darstellt, freundlich und höflich, seelsorgerlich. »Wie geht es Ihnen. Es tut mir Leid, dass wir Ihnen Unannehmlichkeiten machen, leider sind unsere Gesetze so. Sie haben ungesetzlich gehandelt. Warum haben Sie die Ware nicht angemeldet? Wir sind nicht gegen die Bibel. Jetzt müssen wir sehen, wie wir miteinander aus dieser misslichen Situation herauskommen. Wer hat Sie denn geschickt? Sie werden von irgendwelchen politischen Kräften missbraucht, die antisozialistisch eingestellt sind. Sie sind nicht Schuld. Wollen Sie nicht die Namen nennen? Übrigens kann man bei uns Bibeln kaufen. Sie sehen ja auch die offenen Kirchen. Bibeln und Bücher zu verstecken ist absolut unsinnig.« Seine Argumente klingen dann in dieser besonderen Situation auch sehr einleuchtend.

Beim ersten redete man nicht, aber beim zweiten. Man war so froh, einige Augenblicke von diesem schlimmen, bedrohlichen Menschen befreit zu sein. Der zweite dagegen war wie ein verständiger Freund. Er bekam das Geständnis.

Es konnte auch zu einer inneren »Verbrüderung« mit dem Beamten kommen, besonders wenn sich die Verhöre über Tage hinzogen und ein vermeintlich dicker Fisch ins Netz gegangen war. Ganz unmerklich sah das Opfer die Unrechtmäßigkeit seines Handelns ein. Dies geschah aber erst nach einigen Tagen, nach Schlafmangel durch nächtliche Verhöre, durch viele offene oder auch versteckte Drohungen. Ähnliches geschah bei der Gehirnwäsche durch kommunistische Verhöre an amerikanischen Soldaten im Vietnamkrieg oder bei Geiselnahmen. Da kann man ähnliche Vorgänge beobachten: wie die Opfer mit ihren Peinigern in ein fast freundschaftliches Verhältnis kommen.

So weit wir die Lage im Osten überblicken konnten, ist kein Fall bekannt, dass Bibeltransporteure körperlich misshandelt wurden. Ausgenommen sind dabei die Misshandlungen durch DDR-Grenzorgane im politischen Bereich. Eher waren es der starke psychische Druck, die Ungewissheit usw., die stark belasteten.

Im Grunde ging es einzig und alleine darum, herauszubekommen, wer der Auftraggeber war. In der Regel wurde ein antisozialistisches, klerikales Zentrum vermutet. Die Beamten wollten unbedingt wissen, wer die Ladung im Land bekommen sollte. Darauf waren die Fragen abgestimmt. Wir trainierten ein ganz einfaches Strickmuster: »Es war mein persönlicher Entschluss, diese Reise zu unternehmen. Jesus ist mein Auftraggeber. Von der Bibelnot habe ich aus der Presse erfahren. Bibeln in Ostsprachen kann man bei uns überall kaufen. Freunde haben das finanziert. Deren Namen kenne ich, aber ich bin kein Verräter. Das Auto gehört dem, der in den Papieren steht. In meinem Pass stehen alle Angaben über mich. Ich bin Christ, und wenn ein Volk keine Bibeln hat, dann ist es mein Auftrag zu helfen. Ich kenne niemanden im Land persönlich. Ich habe keine Adresse dabei (auswendig wohl). Im Übrigen bitte ich, mit der deutschen Botschaft telefonieren zu dürfen.« Gewöhnlich waren aber alle Leitungen unterbrochen, oder in der Botschaft nahm tagelang niemand den Hörer ab.

Es war nicht leicht, dieses einfache Muster über Stunden und Tage durchzuhalten. Mitunter drehte man sich stundenlang im Kreis, und man kam in arge innere Bedrängnis. Die Beamten konnten böse und verbal grob werden. Lügen musste man nicht, wenn man sich an die vortrainierten Antworten hielt. Es war wichtig, immer nur das Vorgegebene zu sagen und die Angaben im Pass zu wiederholen. Ein Verhör lief dann falsch, wenn man sich auf Diskussionen eingelassen hat, um den Beamten zu gefallen. Man durfte auch keine Angst zeigen. Nicht umsonst stand am Anfang der Friolzheimer Schulungstage als erste Lerneinheit die Motivation. Wer sendet mich? Jesus! Er ist mein Auftraggeber. Menschen können mir nicht schaden. Er wird handeln. Hilfreich war, wenn man sich an ein Bibelwort klammern konnte. Zugegeben, man zweifelte oft an sich selbst, weil man in ihrer Hand war und regelrecht lächerlich gemacht und vorgeführt wurde. Aber waren Paulus und viele Glaubenszeugen nach ihm nicht auch Narren um Jesu willen?

Was haben Radieschen und der Kommunismus gemeinsam?

Das Transparent mit diesem Willkommensgruß war unübersehbar: »Willkommen im gastfreundlichen Rumänien.« Und doch war es nur Fassade, wie so vieles im real existierenden Sozialismus. Diese unwirkliche Scheinwelt der Wahlergebnisse von 99 Prozent, der permanenten Plan-Übererfüllung, der gesetzlich garantierten Meinungs-, Presse- und Versammlungsfreiheit konnte mit Radieschen verglichen werden: Außen rot und innen weiß. Das war die persönliche Charakteristik vieler so genannter Kommunisten. Da die Gedanken ja bekanntlich frei sind und der uniformierte, gleichgeschaltete Homo Sowjeticus nicht erzogen werden konnte, mussten Grenzkontrollen sein. Es sollte verhindert werden, dass antisozialistische Schriften ins Land kamen. Dazu zählten auch die Bibel und christliche Bücher. Die Machthaber haben es gewusst, nicht nur geahnt, dass da, wo der Geist des Herrn ist, auch Freiheit herrscht. Der persönliche Glaube und die Gemeinden waren unkontrollierbare Freiräume. Deshalb war das Transparent an der Grenze reine Augenwischerei. Touristen waren nur so weit willkommen, wie diese in gläubiger Ehrfurcht die Segnungen des Sozialismus bestaunten.

Im Verlauf der Jahre wurden die Grenzkontrollen immer schärfer. Nicht zuletzt war dies den offenen Berichten der Ostmissionen zuzuschreiben. Die Zöllner lernten dazu, ihre Methoden verfeinerten sich. Ein Minibus hat nun einmal nur Dach, Boden und Seitenwände. Dem hatten wir auf dem Fahrzeugsektor wenig entgegenzusetzen. Als dann in einem Fall eine Axt verwendet wurde, um einen Schlitz in das Dach eines Busses zu schlagen, war uns klar, dass wir um andere offene Türen beten sollten. Die umgebauten Autos hatten in Rumänien wohl vorerst ausgedient. Und wie so oft: Gott hatte die Wege geebnet und neue Türen weit aufgemacht. Eine Zeitlang war dies ein Kapitän der rumänischen Donauflotte, der die Luken seines Lastkahns aufmachte. Wir konnten gar nicht so viel Material herbeischaffen, wie ein solcher Schiffsbauch schluckte. Dann bekamen wir wegen der großen Mengen noch logistische Probleme im Land. Die Brüder hatten Mühe, die Ladung unterzubringen. Zudem war uns der Gedanke etwas unheimlich, dass das Schiff auch für den Schmuggel von allerlei Industriewaren und auch Menschen benutzt wurde. So gaben wir diese Methode bald wieder auf.

Operation Mobilisation und das große Tier

In aller Stille und unbemerkt hatte OM sich in Wien eine Ostabteilung aufgebaut. Die jungen Leute waren hervorragend motiviert und bestens geschult. Die Effizienz ihrer Arbeit war groß. Mit Hochachtung denke ich an jene Zeit der Zusammenarbeit mit der Wiener Gruppe. Bis heute verbindet mich mit Tom, Dave, John und wie sie alle heißen eine tiefe, persönliche Freundschaft. Ganz unauffällig taten sie ihre Arbeit, ohne den Beifall der christlichen Welt. Nur Insider konnten in einem Ostland wissen, wenn ein OM-Team zugegen war. Es waren meist junge, englischsprachige, gemischte Teams, die mit einem uralten Auto, das nahe am Kollaps war, auftraten. Wenn irgendwo im Osten ein Auto gesichtet wurde, dessen Türen mit Draht zugebunden waren und noch einige Beulen und Rostflecken aufzuweisen hatte, dann war OM in der Nähe.

Die gewagtesten Fahrten und unruhigsten Nächte bereiteten uns die Fahrten des großen Tieres. So hatten wir einen 20-Tonner-Lkw getauft. Operation Mobilisation war für dieses Unternehmen verantwortlich. Dieser Lkw transportierte von Südschweden Gartenlauben nach Griechenland. Diese Gartenlauben waren bis zum Rand voll mit Schriften. Mit einem Transport kamen auf diese Weise ca. 200 000 Bibeleinheiten (vom Umfang einer mittleren Bibel) ins Land. Das ganze Unternehmen musste generalstabsmäßig geplant werden. Auf einem einsamen Parkplatz in Rumänien tauchten dann nachts im 10-Minuten-Takt ca. 15 bis 20 westliche Kleintransporter auf. Diese waren teilweise schon einige Tage vorher über verschiedene Grenzpunkte ins Land eingereist. Nach der Übernahme verschwanden sie in der Dunkelheit genauso schnell, wie sie gekommen waren und brachten das kostbare Gut zu Verteilstellen im ganzen Land. Der Schweiß dieser Nächte, die Adrenalinausschüttungen und auch die Gebete können wohl nicht gemessen werden. Aber der Herr wusste darum, und er hat den Mut und den Gehorsam der Freunde belohnt.

Es gab brenzlige Situationen, vor allem, wenn Lichter in der einsamen Nacht auftauchten. Einmal wollte ein rumänischer Lkw denselben Parkplatz beanspruchen und drehte dann aber elegant wieder ab. Solche Sekunden können zu Ewigkeiten werden. Vermutlich wollte der Lkw-Fahrer ebenso dunkle Geschäfte abwickeln. Ich habe einmal überschlagen, was bei einem einzigen solchen Ausflug nach Rumänien an Wert auf dem Spiel stand. Bei 200 000 Einheiten zu jeweils 4 Mark, etwa 15 Kleinlastern und dem »großen Tier« waren dies annähernd 1 Million Mark. Nicht alles wurde von »Licht im Osten« finanziert. Viele haben mitgeholfen. Mit zwei solchen Aktionen pro Jahr konnten wir mehr Literatur ins Land bringen als mit den vielen kleinen Transporten vorher.

Gift in der Flasche

Wenn man von Timisoara Richtung Hermannstadt/Sibiu fährt, zweigt bei Nadlac ein romantisches, einsames Tal ab. Nach 30 Minuten Fahrt erreicht man Lugosch, ein kleines Städtchen, das seine Bedeutung durch eine Fabrik bekam, in der Küchenherde produziert wurden. Eine Schmalspurbahn verbindet die Gegend mit der Bezirksstadt. Dort lebt bis heute Petru Scrob. Er spricht deutsch. Wenn er spricht, meint man, in die Zeit der österreichisch-ungarischen Donaumonarchie versetzt zu sein. Hat man Petru bei geschlossenen Augen gehört, meinte man, dass jetzt nur noch »gnä' Frau« kommen müsse. Petru hatte den Mut, sein Haus als Zwischenlager für Literatur zu öffnen. Es war leicht zu finden: 100 Meter nach dem Ortsschild war links ein Hydrant angebracht, dort war sein Haus. Nur so viel war von den Fahrern zu behalten. Das Losungswort lautete: »Gruß von Hajo.« (Unser heutiges Vorstandsmitglied, damals stark in diese Arbeit eingebunden.) Die Freude des Bruders über die Besuche war immer groß. Die Geschwister erlebten ihre Situation im Ostblock wie in einem Gefängnis. Die Besucher kamen wie aus einer fernen, unerreichbaren Welt. Petru verkörperte den Typ Mitarbeiter, der bei uns gefragt war. Es gibt Menschen, denen mögliche Konsequenzen nicht zu große Furcht einflößen. Sie sehen die Aufgabe und lösen sie. So einer war Petru. So einer war auch der Tscheche Matjeka, der mir am Anfang meines Dienstes mit auf den Weg gab: »Wenn du dich im Wald fürchtest, dann geh schon gar nicht hinein.« Das Transportfahrzeug fuhr dann in der Dämmerung, nicht zu spät, denn Bewegungen nachts waren verdächtig, zum

Abladen in seinen Hof. Viele Jahre hat der Herr dieses Haus und den Bruder beschützt.

Unser Erschrecken war groß, als wir von seiner Verhaftung und Verurteilung zu drei Jahren Gefängnis erfuhren. Ein »Transportunfall« konnte es nicht gewesen sein. Später erfuhren wir das ganze Drama. Sein Schwiegersohn, dem diese Machenschaften schon lange im Wege waren, hatte den Bruder bei der Securitate (Geheimpolizei) verpfiffen. Bei der Haussuchung wurden größere Mengen Bibeln beschlagnahmt. Hinter dem Haus wurde auch Blech gefunden, mit dem Petru sein undichtes Dach reparieren wollte. Für dieses Material fehlte der Nachweis. Er hatte es, da es keine andere Möglichkeit gab, durch Beziehungen beschafft. Der Handel im Osten funktionierte oftmals so. Nur auf diese Art kam man an Mangelware heran. Bezeichnenderweise lautete dann die Anklage auf Diebstahl sozialistischen Eigentums. Man nahm das Blech als Vorwand und meinte eigentlich die Bibeln. Mit diesem Grundmuster konnte der Staat missliebige Bürger verurteilen.

Petru verbrachte dann nur sechs Monate im Gefängnis. Nach der Wende hatte ich die Möglichkeit, ihn zu besuchen. Er war fast noch der alte, fröhliche Bruder. Und doch stimmte etwas nicht. Die Bewegungen seiner Hände waren teilweise unkontrolliert, ruckartig. Was war passiert? Bei den Verhören weigerte er sich standhaft, Namen preiszugeben. Er wurde hart bedrängt. Petru musste unter großem Druck eine vor ihm stehende Flasche mit unbekanntem Inhalt austrinken. Es gab keine Möglichkeit zu entkommen. Er betete um Bewahrung, dass ihm das Gift nicht schaden möge. Dann verlor er das Bewusstsein. Der Herr hat ihm geholfen. Er wurde bewahrt. Aber seine gestörte Motorik hat er als bleibenden Schaden behalten.

Im Kommunismus galt der Mensch ja nichts, er war nur Materie und zudem Klassenfeind. Richard Wurmbrand schilderte einmal eine Szene aus seiner Gefängniszeit. Die Gefängnisbeamten quälten einen jungen Mann so sadistisch und grausam, so dass er einen Beamten fragte, ob er denn kein Mitleid mit dieser armen Kreatur habe. »Herr Wurmbrand, tut Ihnen ein Stück Holz, das Sie zerhacken, Leid? Es ist doch nur Materie.« Wer heute noch behauptet, der Kommunismus hätte auch ein menschliches Gesicht, der möge die Berichte aus dem Gulag, der Lubjanka oder den psychiatrischen Quäl- und Folteranstalten des Kommunismus lesen.

Die Hochzeitsreise

Es gibt sicher eine bessere Möglichkeit, als seinen Hochzeitsurlaub im Staatsgefängnis für politische Gefangene in Brünn, der damaligen CSSR, zu verbringen. Und dies ganze sechs Wochen lang, allerdings bei freier Kost und Logis.

Wir können es uns bis heute nicht vorstellen, wie die Zöllner an der tschechischen Grenze über eine ganz unverdächtige Stelle und ohne direkten Zugang zum Literaturversteck Verdacht schöpften. Zielstrebig wurde gesucht, abmontiert und zerstört, bis das Versteck offen war. Lange Literaturlisten wurden erstellt. Verhörspezialisten aus Brünn wurden angefordert. Unser junges Brautpaar, das so hoffnungsvoll gestartet war, wurde getrennt. Welch ein Schock in der Kleiderkammer, als die triste, unappetitliche Gefängniskleidung ausgehändigt wurde. Unser junger Ehemann sah seine Frau dann nur noch einmal während dieser sechs Wochen. Durch das Gitter der Gemeinschaftszelle sah er, wie sie zum »Frischluftempfang« auf dem Gefängnishof im Kreis herumgeführt wurde. »Schatz, ich liebe dich«, hat er ihr einmal zurufen können.

Dann kam für ihn eine Zeit des Wartens, der Verhöre und langen Gespräche mit den Mitgefangenen. Als Russlanddeutscher konnte er sich gut mit seinen Mitgefangenen unterhalten. Die tschechischen Gefangenen hatten die Sprache ihrer Freunde und Befreier in der Schule lernen müssen. In einer solchen Gemeinschaft konnte er auch »Nützliches« lernen, zum Beispiel das »Telefonieren« mit einer anderen Zelle. Wissen Sie, wie das geht? Ganz einfach: Man schöpft die WC-Schüssel vom Wasser frei und hofft, dass die andere Zelle dies auch tut. Durch diesen Luftkanal konnte man einigermaßen mit dem Zellennachbarn reden. Schriftliche Mitteilungen für die übernächste Zelle steckte man in eine Streichholzschachtel und ließ diese an einem langen Bindfaden so lange hin und her baumeln, bis sie vor der Empfängerzelle eingeholt werden konnte.

In dieser Zeit hörte er die fast unglaubliche Geschichte eines Republikflüchtlings. Der junge Mann war so verzweifelt, verbittert und ohne Hoffnung, wie vielleicht selten ein Mensch. In Bratislava hatte er einen städtischen Linienbus in seine Gewalt gebracht. An seinen Körper hatte er Handgranaten gebunden. Mit einem Revolver bedrohte er den Fahrer. So zwang er diesen, den Bus zur Grenze zu fahren. Die Verhandlungen dort ergaben dann folgenden Kompromiss: Die übrigen Insassen werden freigelassen, der Bus samt Fahrer und Flüchtling hat freies Geleit nach Österreich. Wie mag er erleichtert gewesen sein, als der tschechische Grenzposten hinter ihm war und österreichische Uniformen auftauchten. Erleichtert stieg er aus. Endlich in Freiheit! Aber dies war eine raffiniert inszenierte Falle, die von tschechischen Beamten noch im Niemandsland vor der österreichischen Grenze gestellt wurde. Kaum hatte er den Bus verlassen, wurde er erbarmungslos zusammengeschlagen. Bei dieser Rauferei hat er solch unnatürliche Kräfte entwickelt, dass mehrere Beamte ihn nicht überwältigen konnten. Erst als es gelang, ihm einen Daumen nach hinten auszudrehen, gab er vor Schmerz schreiend auf. Ohne ärztliche Versorgung kam er in Haft.

Als sichtbares Andenken stand ihm dieser Daumen nach hinten. Er ist ihm so angewachsen, wie er bei der ungleichen Rauferei an der Grenze nach hinten gebogen wurde. Ein solches Bündel von Hass gegen den Staat und die Menschen hätte er noch nie erlebt, erzählte unser Fahrer.

Rettung in letzter Minute

Warum der junge Mann ins Gefängnis musste, hatte mit einem weiteren Erlebnis zu tun. Gleich bei der Einlieferung war er einige Stunden mit einem jungen Tschechen in einer Zelle. Dieser wurde kurz vorher von der Militärpolizei wegen Desertation verhaftet. Er stammte aus gutem Hause. Der Vater war hoher kommunistischer Funktionär. Er kam also aus geordneten, sozialistischen Verhältnissen. Aufgewachsen mit dem Gedankengut des Sozialismus war sein Leben inklusive der Karriere vorprogrammiert.

Der junge Mann kam während seiner Rekrutenausbildung in eine Sinnkrise. Das Elternhaus, die kommunistische heile Welt, der Klassenkampf – dies alles entlarvte er als Lüge. So kam es zur Kurzschlusshandlung und zur Desertation aus der Armee. Unser junger Ehemann konnte seine Verzweiflung gut nachvollziehen. War er doch selbst im Sozialismus aufgewachsen und hatte die mörderische Ausbildung in der Roten Armee durchlaufen. Er wusste um einen starken Jesus, zu dem er Tag und Nacht kommen durfte. Von diesem Heiland und Helfer haben die beiden dann geredet. Es war ein guter Anfang für diesen jungen, verzweifelten Tschechen, der mit seinem Leben nicht mehr zurecht kam. Es war für ihn beschlossene Sache, sich das Leben zu nehmen. Zu groß war seine Verzweiflung und wohl auch der Gedanke, welche Schande er seinen Eltern als Deserteur bereitet hatte. Gerade noch zur rechten Zeit musste unser Bus entdeckt werden, damit sich der junge Tscheche nicht das Leben nahm.

Das junge Paar hat sich erst bei der Entlassung nach sechs Wochen wieder umarmen können. Die beiden waren glücklich, sich wieder zu sehen. Noch viel mehr haben sie sich gefreut, einen jungen Menschen vor dem Freitod gerettet zu haben und, was noch viel mehr zählte, ihm den Weg zum wahren Leben in Christus gezeigt zu haben.

Die sowjetischen Grenzen

Um etliches schwerer gestaltete sich der direkte Transport in die Sowjetunion. Deshalb führten wir zahlreiche Reisen in die sozialistischen Bundesländer durch. Von dort war es oft leichter, Bibeln und Bücher ins Land des realen Sozialismus zu bringen. Westliche Touristen kamen bei einer Entdeckung meist mit Drohungen, Geldstrafen und der Beschlagnahme der Fahrzeuge davon. Direkte Transporte in die Sowjetunion waren wesentlich risikoreicher. Im Nachhinein staune ich, mit welcher Phantasie und welchem Mut von Christen das Wort Gottes den scheinbar so dichten Eisernen Vorhang überwand.

Über einige Sommer versteckten slowakische Christen Bibeln unter Heuhaufen an der slowakisch-russischen Grenze. Russische Waldarbeiter kamen dann während der Nacht über die grüne Grenze und holten die heiße Ware ab.

Im polnischen Grenzgebiet feierte die russisch-polnische Bevölkerung zweier Dörfer an einem Sonntag im Jahr ein grenzüberschreitendes Fest. An diesem bestimmten Sonntag waren die Kontrollen aufgehoben. Es ist leicht nachzuvollziehen, dass dann neben anderem Gut auch das Wort Gottes reichlich ins Land gebracht wurde.

Über einige Jahre waren rumänische und russische Arbeiter miteinander am Bau eines Staudamms beschäftigt. Mehrmals täglich hat dann ein bestimmter Bagger, dessen Fahrer bestochen worden war, sackweise russische Bibeln auf einen Lkw geladen. Gott hat diese Tür sehr lange offen gelassen. Wenn eine Sache gut läuft, wird man gewöhnlich mutiger, und die Gefahr relativiert sich. Es mehrten sich die Anzeichen, dass irgendeine Stelle Wind von den Beiladungen bekommen hatte. Auf der rumänischen Seite war es ein einziger Bruder, der diese gefährliche Arbeit an vorderster Front tat. Er musste dann sehr rasch zurückgezogen werden und verbarg sich anschließend über ein Jahr anonym im Land, bis er illegal in den Westen gebracht werden konnte.

Sehr viele Schriften gelangten übrigens auf völlig unspektakuläre Weise in die Sowjetunion. Durch die Grenzverschiebungen des Zweiten Weltkrieges gab es hüben wie drüben Verwandte. Wer sich der langwierigen Visaprozedur unterzog, konnte schließlich auf Besuchsreise gehen. Auf diese Weise gelangte manches wertvolle Buch in die richtigen Hände. Und kam es einmal zu einer Wegnahme – bei einer Handvoll Bücher wurden keine großen Strafen verhängt – gelangten diese trotzdem unter die Leute. Wer wusste wie und wo, konnte auf dem russischen Schwarzmarkt Bibeln und Gesangbücher kaufen. Die Preise waren zwar horrend, aber russische Christen ließen sich das Wort Gottes etwas kosten. In den 70er und 80er Jahren konnten für eine russische Bibel auf dem illegalen Markt 300 Rubel, das waren ungefähr zwei Monatslöhne, erzielt werden.

Geheimdruckereien im totalen Polizeistaat

Um dieser großen Not zu begegnen, entstanden durch die Initiativ-Baptisten in der Sowjetunion mehrere Geheimdruckereien. Einige davon wurden entdeckt und die Bibeldrucker zu hohen Gefängnisstrafen verurteilt. In einer solchen Druckerei mitzuarbeiten war nur um den Preis der Freiheit möglich. Bei der fast lückenlosen Überwachung der Bevölkerung war eine Entdeckung jederzeit möglich. Um dies zu erschweren, wurden auch mobile Druckereien auf Kraftwagenseitenrädern installiert oder in Kellerräumen versteckt. Die Druckereimitarbeiter – oft waren dies junge Schwestern – verschwanden aus dem normalen Leben. Da in der Sowjetunion eine Überwachung schon allein durch das von jedem Werktätigen zu führende Arbeitsbuch möglich war, musste bei normaler Beendigung der Untergrundtätigkeit ein Nachweis der Fehlzeit im Arbeitsbuch sein. Aber eher war der Fall, dass die Arbeit durch einen Polizeieinsatz beendet und die Mitarbeiter verhaftet und zu langjährigen Freiheitsstrafen verurteilt wurden.

Eine Gemeinschaftsarbeit der Gemeinden war das Beschaffen von Papier. In kleinen Mengen gekauft, wurde es ohne groß zu fragen in der Gemeinde abgelegt, um dann genauso unauffällig zu verschwinden. Die selbstgebastelten Druckmaschinen waren »Vehikel« wie von einem anderen Stern, aber sie funktionierten. Welche Phantasie steckte dahinter, aus Schuhcreme, Waldmoos und anderen Zutaten Druckerfarbe herzustellen!

Unsere Welt lebt von ihren Helden, zum Beispiel von den mutigen Männern der Raumfahrt. Sie bewundert die Leistungen unserer Spitzensportler, die für ihr viel Geld nicht immer unsere Erwartungen erfüllen. Über die heimlichen Helden im Osten wurde und wird wenig in der Zeitung geschrieben. Im Gegenteil, sie wurden dort zum Spott, zum Kehricht einer atheistischen, feindlichen Umgebung. Gefängnis war ihr Lohn. Mission konnte oft nur unter dem Preis der Freiheit und des Leidens für Christus getan werden. Gott hat sie mit dem größten Adel und der höchsten Auszeichnung versehen, die er zu vergeben hat. Sie waren seine Mitarbeiter und wurden dann gewürdigt, um seines Namens willen zu leiden. Der glaubenden Gemeinde der postkommunistischen Zeit soll ein klein wenig sichtbar gemacht werden, was es heißt, Mitarbeiter Jesu in einer feindlichen Umgebung zu sein. Unsere schnelllebige Zeit vergisst diese harten Jahre.

Mehr durch einen Zufall entdeckten wir 1997 in Kiew und Umgebung rund 20 solcher früheren, illegalen Drucker. Fast alle waren im Rentenalter, arbeits- oder mittellos. Ihre wertvolle Arbeit vor der Wende war fast vergessen. Wir haben uns dann spontan entschlossen, sie mit einem bescheidenen Betrag zu unterstützen. Wir wollten auf diese Weise unsere Wertschätzung zum Ausdruck bringen, wohl wissend, dass ihre frühere Arbeit durch keinen Geldbetrag abgegolten werden kann.

Phantasie ohne Grenzen

Kein anderes Land hatte so schwer zu überwindende Grenzen wie die Sowjetunion. Unsere Mitarbeiter, die mit dem Präparieren der Fahrzeuge beschäftigt waren, mussten immer neue Ideen entwickeln, um die russischen Zöllner zu überlisten. Manche Systeme hielten dann ein bis zwei Sommer, um dann doch entdeckt zu werden. Der Phantasie waren keine Grenzen gesetzt. Wir benutzten einige Jahre eine 30-Liter-Gasflasche, die am Boden aufgeschraubt werden konnte. 30 Bibeln fanden darin Platz. Selbstverständlich wussten sowjetische Zöllner um diesen Trick. Deshalb prüften sie, ob auch tatsächlich beim Öffnen des Hahnes Gas austrat. Es kam, allerdings nur wenige Minuten. Ob fachmännisch verschlossene Konservendosen und mit dem Etikett »Erbsen« versehen die Kontrolleure überstehen würden? Nur wenn sie den Schütteltest bestünden. Wenn sich keine Masse hin und her schütteln ließ, war das verdächtig. Ob in den Hohlräumen der Stahlkonstruktion eines Minibusses oder ein ganz raffiniert umgebautes Dach – es gab viele Möglichkeiten. Es war ein Spiel wie Räuber und Gendarm. Wer hatte die besten, die klügsten Ideen und konnte diese dann so geschickt umsetzen, dass der erste optische Eindruck unter »Bauweise unverändert« eingestuft werden wurde. Bei der Feinuntersuchung kam es darauf an, dass die Versteckverschlüsse gut getarnt waren.

Bis zur Wende unentdeckt fuhren wir zweimal jährlich mit einem System, bei dem die Möbel in einem Campinganhänger aus ca. 900 russischen Neuen Testamenten bestanden. Die Neuen Testamente hatten einen Durchmesser von exakt 9 Millimetern und waren von 1 Millimetern dünnen Kunststoffwänden umgeben. Der sehr schwierige Teil bestand im Verschluss der Kanäle. Aber unser Herr hat solch begabte Menschen geschaffen, die dieses heikle Problem mittels feiner Stifte und Leisten lösen konnten. Der eigentliche Vorteil des Systems lag aber darin, dass niemand in Möbelwänden Schriftgut vermutete.

Die Mitarbeiter für Fahrten nach Kiew und Odessa wurden nach besonderen charakterlichen Eigenschaften ausgewählt. Neben dem inneren und unbedingten Ja ohne jeden Zweifel für diesen Auftrag mussten sie bereit sein, im Ernstfall für längere Zeit inhaftiert zu werden. Von Beginn der Reise bis zur glücklichen Rückkehr waren sie stärkeren psychischen Belastungen ausgesetzt als bei Fahrten in die sozialistischen Bruderstaaten.

Unseren wohl spektakulärsten Zwischenfall hatten wir in Odessa, der Hafenstadt am Schwarzen Meer. Das Team bestand aus Regina Stelter, den Theologiestudenten Hajo Baumann und Eberhard Bauer, beide heute Pfarrer unserer Evangelischen Landeskirche in Württemberg und Mitglieder bei »Licht im Osten«. Die Literaturübergabe war ohne Zwischenfall verlaufen. Die drei sollten noch einige Tage Badeurlaub genießen, um keinen Verdacht zu erregen. Auf dem Campingplatz kam es dann zu einer schweren Verpuffung durch ausströmendes Gas. Irgendwie hatte sich eine Schraube an der Gaszufuhr zum Herd gelöst. Beim Anzünden des Herdes entzündete sich das ausgeströmte Gas. Reginas Gesicht wurde stark verbrannt. Die Haut hing ihr in Fetzen vom Gesicht. Es muss ein schrecklicher Anblick gewesen sein. Die Krankenschwester Regina kam dann anschließend in den Genuss ärztlicher Versorgung in einem russischen Krankenhaus. Ihre Beschreibung der Einrichtung und Hygiene im Vergleich zum westlichen Standard war unbeschreiblich.

Wieder in Korntal zurück konnten wir nur staunen, wie gut alles schon wieder verheilt war. Dauerschäden waren keine entstanden.

Wir müssen Sie leider für einige Jahre dabehalten

Was war dieser niederschmetternden Eröffnung vorausgegangen? Die Versammlung der Landeskirchlichen Gemeinschaft in Söllingen bei Karlsruhe hatte uns zwei Tage vorher mit Gebet und Segnung Richtung Osten gesandt. Als Text für die Wortauslegung der Aussendung hatte der junge Prediger die Geschichte von der Stillung des Sturmes durch Jesus ausgewählt. Ob er wohl geahnt hat, was uns in den nächsten Tagen bevorstand? »Licht im Osten« arbeitete in diesen Jahren eng mit der Gruppe um Claus Reinhardt und Karl Wenz zusammen, einer Privatinitiative, die sich durch den Hilfeschrei Richard Wurmbrands über Christenverfolgungen gründete und dann bei den beiden verheerenden Hochwassern in Rumänien Anfang der 70er Jahre großartige und gezielte Hilfe leistete. Karl Wenz hatte einen fast neuen VW-Bus in fleißiger, filigraner Arbeit umgebaut. Ein Versteck allerdings wäre besser leer geblieben. Was bei anderen Ländern möglich war, ging eben in der Sowjetunion nicht. Waren wir zu übermütig, oder wollten wir die Zöllner herausfordern? Bei dem uns bekannten Hunger nach Bibeln wollten wir jeden Hohlraum ausnutzen.

Der Zöllner schien mit Röntgenaugen ausgerüstet zu sein. Ganz gezielt griff er zur Kneifzange und knackte das Versteck um den Tank. Im Nu stand fast ein Dutzend Zöllner um unseren Wagen. Auf einem Nebenplatz ging die Suche nach weiteren Verstecken weiter. Erst nach einigen Stunden vergeblicher Mühe wurden dann die beiden Hauptverstecke mit Gewalt aufgebrochen. Karl Wenz hatte wirklich gute Arbeit geleistet. Die erfahrenen Grenzbeamten staunten über die Zugänge und raffinierten Verschlüsse. Inzwischen war eine Sondertruppe von KGB-Beamten vom nahe gelegenen Lemberg (Lvov) eingetroffen. Heinz Krause und ich wurden fotografiert und gefilmt und erste Fragen vor der laufenden Kamera gestellt.

Inzwischen war es Abend geworden. Ein heißer Tag in jeder Hinsicht ging zu Ende. Westwärts von uns, da wo die Heimat war, erstreckte sich ein glutroter Abendhimmel in den prächtigsten Nuancen, wie ich es vorher nie gesehen hatte. In das Abendrot hinein vermischten sich die Schatten der Nacht. Die Wachttürme begleiteten als dunkle Silhouetten dieses grandiose Naturschauspiel. Sie bildeten einen seltsamen Kontrast zu diesem friedlichen Bild. Sie erinnerten uns an das Ende unserer großen Pläne. Wir waren gescheitert. Wollte uns der Herr damit sagen, dass er uns nicht brauchte – oder waren wir nicht brauchbar? Ich erinnere mich, in dieser Situation keine große Angst empfunden zu haben. Eher war es Neugierde, was der kommende Tag bringen würde. So schliefen wir getrost dem neuen Tag entgegen.

An diesem zweiten Tag ging es dann richtig zur Sache. Pausenlos wurden wir verhört. Die Beamten hatten bald heraus, dass ich der Verantwortliche war. Dementsprechend konzentrierten sich die Gespräche auf mich. Es war schon reichlich komisch, wenn ich nach der Herkunft der einzelnen Bücher gefragt wurde und dabei wusste, dass sie einige Monate zuvor in Korntal unter meiner technischen

Verantwortung gedruckt worden waren. Meine Standardantwort war: »Russische Bücher können bei uns frei gekauft werden.« »Wer hat Ihnen das Geld dazu gegeben?« »Einige Freunde, die russischen Christen eine Freude machen wollten.« »Warum haben Sie ein Fernglas dabei?« »Um Vögel zu beobachten.« Einmal kam ein Beamter mit einem triumphierenden Lächeln herein mit einem Notizzettel in der Hand. »Waren Sie schon einmal in Korntal?« »Nein«, war meine Antwort. Dies stimmte ja auch. Ich war ja sehr oft in Korntal. Hätte ich die Frage bejahen sollen? Auch diese, ob ich »Licht nach Osten« kenne? Ich kannte nur »Licht im Osten«.

Im Grunde ging es den lieben langen Tag um zwei Themenkreise: Wer hat Sie geschickt, welche Organisation ist Ihr Auftraggeber und kennen Sie Leute im Land? Da es mein eigener Entschluss war zu fahren, zwar mit Billigung der Missionsleitung, konnte ich mich immer auf meine persönliche Verantwortung berufen. Einheimische kannte ich auch nicht, sondern hatte nur deren Adressen dabei. Emil Schmid, ein alter Schuster und Bruder aus Schöckingen, hatte in meinen Schuhabsatz kunstvoll einen Hohlraum eingebaut, in dem bequem ein DIN A5-Blatt Durchschlagpapier Platz hatte. Nach seiner Arbeit haben wir über dem Schuh gebetet. Erst am Ende des zweiten Tages habe ich dann den Absatz auf der Toilette geöffnet, die Adressen verbrannt und den Schuh wieder sauber verschlossen.

Was wäre passiert, wenn ich ehrlich und wie gewünscht, alle Fragen beantwortet hätte? Etwa 20 Brüder hätten in den nächsten Tagen Besuch von der russischen Geheimpolizei bekommen. Was mit ihnen passiert wäre, konnte ich mir leicht ausrechnen. Natürlich war ich mir bewusst, eine Grenzlinie überschritten zu haben, denn Gottes Gebote gelten umfassend. Diese Konsequenz hätte ich dann aber vor der Fahrt bedenken müssen, nicht in der konkreten Situation. Der Leser und heutige Beobachter aus sicherer Distanz möge selbst urteilen. Sollte ich dem KGB 20 Brüder ausliefern, die völlig unschuldig waren, oder auf die Vergebung Jesu hoffen? Dieser Konflikt war permanent in unserer illegalen Arbeit vorhanden. Wieder zu Hause suchte ich das Gespräch mit einigen verantwortlichen Brüdern. Von keinem bekam ich damals eine für mich schlüssige befreiende Antwort. Jeder muss diese wohl selbst in der Verbindung mit seinem Herrn finden. Da mein Gewissen in der Folgezeit nicht sonderlich belastet war, wurde mir innerlich klar, dass unser Herr mir nichts nachtrug. Bis heute bin ich der festen Überzeugung, richtig gehandelt zu haben.

Die Beamten wurden langsam nervös. Sie hatten wohl einen recht sturen Kandidaten vor sich. Gewöhnlich duckt sich eine Maus ängstlich in der Falle. Auch bei mir zeigten sich erste Anzeichen der Erschöpfung. Ich erinnere mich noch genau an einen Moment, der mir bis heute Rätsel aufgibt. Auf dem Schreibtisch stand eine ca. 15 cm große Lenin-Statue. Irgendwie nahm diese Figur mein Innerstes gefangen. Meine Gedanken waren nicht mehr klar. Immer wieder zog mich dieser kleine Götze in seinen Bann. Erst als ich einige Male ernsthaft innerlich den Namen Jesu ausrief, wurde ich wieder frei.

Zur Ehre Gottes darf ich bekennen, dass ich bis zu diesem Zeitpunkt in Gott sehr stark sein durfte. Das Rollenspiel, wie es die Beamten wohl kannten, funktionierte diesmal nicht. Einmal warf der leitende Beamte seinen Stift auf den Schreibtisch und meinte: »Herr Damson, Sie haben gute Nerven, und wir haben Zeit.« Fürsorglich wurde nach meiner Familie gefragt. Wir hatten damals zwei Kinder. Ich würde die Familie wohl für einige Jahre nicht mehr sehen. Langsam wurde ich doch unsicher. Glücklicherweise machen auch sowjetische Beamte Feierabend. So kam ein Abend der Erholung und Beruhigung. In dieser Zeit wurde mir das Wort Jesu aus Lukas 9 geschenkt: »Wer seine Hand an den Pflug legt und sieht zurück, der ist nicht geschickt für das Reich Gottes.« Das war's! Das Zurücksehen zur Familie, wie sie das überstehen würde, wenn ich einige Jahre in einem russischen Gefängnis verbringen sollte. Dieses Wort war für mich Antwort, Beruhigung und Befreiung von Ängsten.

Der dritte Tag begann wieder in voller Besetzung mit fünf Beamten. Wann würde er zu Ende gehen, und mit welchem Ergebnis? Nach zwei Stunden mussten wir uns bei einem Gerichtsprozess aufstellen. Das Urteil wurde verkündigt: Wegen illegaler Einfuhr von 2 200 Teilen verbotener Schriften wurden wir außer Landes gejagt und erhielten eine lebenslange Einreisesperre. Die Ware und das Fahrzeug wurden beschlagnahmt. Dann wurden wir nach Polen abgeschoben. Dort wurden wir erneut verhört. Im Gegensatz zu den Gesprächen auf der anderen Seite war es mit den Polen fast ein Kaffeegeplauder. Die polnischen katholischen Beamten zeigten sogar Bedauern über unser Missgeschick und erteilten uns ohne weiteres unsere Transitvisa. Brenzlig wurde es dann nochmals im Zug bei der Einreise in die DDR. Der zackige preußische Beamte wollte wissen, warum wir ohne Fahrzeug zurückreisten. Dies konnte er aus den Pässen ersehen. Meine kurze Antwort: »Schaden!« Zufrieden mit dieser Antwort gab er uns die Pässe zurück. Jetzt lag nur noch die Einreise in die BRD vor uns. Ich bin bis heute der damaligen Missionsleitung dankbar, dass ich keinerlei Vorwürfe bekam. Für Karl Wenz war diese Fahrt besonders schmerzlich. Die Gruppe hatte nicht nur den Bus finanziert. Karl hatte als Privatmann sechs Monate Zeit in den Umbau investiert. Bei einer einzigen Fahrt wurde die Arbeit von vielen Monaten zunichte gemacht. In diesem geistlichen Kampf gab es nicht nur Siege, sondern auch schmerzliche Verluste.

Der eigentliche Gewinn dieser inhaltsschweren Woche war für mich nicht nur geistlicher, sondern von ganz praktischer Art. Ich durfte viele Erfahrungen sammeln, die ich in den folgenden Jahren an unsere Ostfahrer weitergeben konnte. So war diese Fahrt letztlich ein Gewinn.

Die 138jährige Mauer

Bekanntlich sollte sie noch 100 Jahre weiter bestehen, nachdem sie am 13.08.1961 die Stadt Berlin in zwei Teile zerriss, so die großspurige Prognose von Erich Honecker, dem Staatsoberhaupt der ehemaligen DDR. Den Menschenmassen, die am 9. November 1989 nach Westberlin strömten, war dies egal. Nur ein einsamer Trompeter stand auf der Mauer und spielte den Choral »Nun danket alle Gott«. Er erinnerte an den einen, ewigen Gott. Nur er ist ewig und er regiert. Auch die dicksten Mauern kann er nach seinem Willen zu Fall bringen.

Die DDR war für uns eine wichtige Schleuse in die Sowjetunion. Viele mutige Helfer waren nötig, um in diesem totalitären Polizeistaat russische Literatur anzunehmen und weiterzuleiten. Immer wieder wurden neue Kanäle in die Sowjetunion entdeckt. Diese Arbeit war ein erbitterter Kampf mit der Stasi. Die »Freunde« wussten viel, das konnten wir später aus Tausenden von Seiten Stasi-Akten erkennen, die ich nach der Wende mit rotem Kopf und teilweise hohem Puls gelesen habe. Die Arbeit der Ostmissionen war direkt in der Hauptabteilung 20/4 angesiedelt. Das nächste Kapitel versucht, darüber einen kleinen Einblick zu geben. Es können nur einige wenige interessante Details weitergegeben werden.

Die Heilige Messe

Einer der Dreh- und Angelpunkte für unsere Arbeit war die Leipziger Frühjahrs- und Herbstmesse. Als Messebesucher war es leichter, ins Arbeiter- und Bauernparadies zu gelangen. Damals kursierte der Witz, dass es kein Paradies ohne Schlangen gäbe. Gemeint waren natürlich die Schlangen vor diversen Läden. Während der Messezeit gab es in der sächsischen Metropole all das zu kaufen, was im sozialistischen Alltag sonst Mangelware war. So bildeten sich vor Läden immer wieder Menschenschlangen. Unsere Abladestelle war eine evangelische Kirche in Leipzig-Schleussig. Bis zu sieben Fahrzeuge haben im Abstand von wenigen Tagen dort ihre kostbare Fracht abgeladen. Einige Jahre war diese Kirche ein sicheres Schlupfloch für unsere illegale Tätigkeit. Wir ahnten nicht, dass zu irgendeinem Zeitpunkt der ganze Komplex unter systematischer Bewachung stand. Während der Messezeit waren unzählige Stasi-Beamte in Leipzig zum Messeeinsatz abkommandiert. Aus jedem Gullydeckel musste man sich einen spähenden Beamten der »Firma Guck, Horch und Greif« vorstellen. Ein Ostberliner Pfarrer, den wir in unser Verteilnetz aufnahmen, wurde zum Judas. Die Stasi hatte ihn gezielt in Korntal eingeschleust.

Eine dramatische Wende ergab sich bei einer Herbstmesse, so etwa 1978. Das letzte von insgesamt acht Fahrzeugen war seit einem Tag überfällig. Dezente telefonische Nachfragen zu Hause ergaben nur, dass Jan rechtzeitig losgefahren war. Jan war ein amerikanischer Pfadfinder, der sehr zuverlässig war und seine Ziele immer ohne Karte fand.

»Örwin«, so nannte er mich, »ein Pfadfinder braucht keine Karte«, so Jan bei der Schlussbesprechung. Meine Nervosität stieg. Sollte er an der Grenze stecken geblieben sein? Ich wusste, dass kurz vorher ein gleicher Fahrzeugtyp mit den gleichen Verstecken vom Zoll entdeckt worden war. Am Abend des zweiten Tages hatte ich eine etwas verwegene und verrückte Idee. Die Ungewissheit treibt oft zu Taten, nur damit man überhaupt etwas tut. Zusammen mit einem Mitarbeiter fuhren wir in die Innenstadt, Richtung Hauptzollamt. Wie üblich, war jede Menge Polizei präsent. Aber das waren wir schon gewohnt. Wir hatten nebliges und kaltes Wetter. Die Straßenlaternen vermochten diesen Smog kaum zu durchdringen. Es war unmöglich, ohne Papiere ins Innere des Zollamtes zu gelangen. Eine etwa 2 Meter hohe, dicke Mauer umgab das Gebäude. An einer dunklen Stelle bildete Victor Blank, mein Begleiter, eine menschliche Leiter. So konnte ich über seine Hände und Schultern Höhe gewinnen und auf die Mauer steigen.

Tatsächlich, im Hof stand unser blauer Ford Transit. Das war also der Grund. Meine Knie wurden schwach. Fast uhrwerksmäßig spulten nun meine Gedanken ab. Retten konnte ich nichts, nur noch mich selbst. Das bedeutete, so schnell wie möglich auf bundesdeutsches Gebiet zu kommen. Vielleicht hatte der Bruder bis zu diesem Zeitpunkt dichtgehalten? Meine in mehreren Messetagen angesammelten Berichte, Bestellungen, Gefangenenlisten aus der Sowjetunion, Bilder zerstörter Gemeindehäuser usw. übergab ich dem Mitarbeiter. Ihn und sein Team traf ich viele Stunden später auf einem Parkplatz bei Hof.

Dazwischen lag noch ein aufregendes Grenzerlebnis. Nach

einem flüchtigen Abschied bei den tapferen Küstersleuten Ratzak und einer noch schnelleren Fahrt war ich bald am Grenzkontrollpunkt Hirschberg angelangt. Dort wurde ich mit offenen Armen erwartet. Der Pkw erfuhr in einem speziellen Raum eine genaue Untersuchung. Selbst der Ersatzreifen wurde durchleuchtet, meine Armbanduhr wegen einer möglichen Kleinbildkamera unter die Lupe genommen – kurzum, das Unterste zuoberst gekehrt. Zum Verhängnis wurde mir eine kleine, harmlose Kassette, die ich übersehen hatte. Sie enthielt nur eine harmlose Grußbotschaft einer älteren Christin an Verwandte in der BRD. Um dieses Corpus delicti kreiste dann ein etwa dreistündiges Verhör. Wo ich die Kassette erhalten hätte? Auf dem Leipziger Hauptbahnhof. »Sie kennen also die Dame? Nein? Aber wie kam die Dame ausgerechnet auf Sie?« Ja, sie hätte mich an meiner Kleidung als Westbesucher erkannt. Dieses »Alibi« hatte einen höhnischen Lachanfall zur Folge. Ausgerechnet mein schäbiger Anzug sollte mich als Westler erkennbar gemacht haben. Der Beamte hatte ja Recht. Auf meinen Reisen in den Osten hatte ich immer ältere Kleidung an, um, wie ich meinte, nicht aufzufallen. Unausgesprochen und doch präsent bei diesem Verhör war jedoch ein anderes Thema: Sie wollten dahinter kommen, wer ich wirklich war und Zusammenhänge aufdecken. Sie wussten jedenfalls mehr als sie preisgaben. Die Hitze in dem kleinen Raum stieg unerträglich. Ich wurde öfter auch allein gelassen.

Nach einiger Zeit erschien ein älterer Beamter, der nicht die blaue Uniform der Zollorgane trug. Es war ein väterlicher, vernünftiger Typ, mit dem ein ruhiges Gespräch geführt werden konnte. Der Beamte hatte dasselbe Ziel wie sein Kollege: Er wollte meine wahre Identität erfahren. Nach einiger Zeit argumentierte ich wie folgt: »Sie könnten vom Alter her den Zweiten Weltkrieg mitgemacht haben. Was würden Sie von einem Kameraden halten, der vom Feind gefangen wird und dann nichts Besseres weiß, als sofort die Stellungen der eigenen Truppe zu verraten? Ich bin Christ und verrate auch niemanden. Ich möchte mich später im Spiegel ohne Scham ansehen können.« (Die Adresse der Dame kannten die Beamten, wie sich später herausstellte.) Schweigend hörte er sich diese Erklärung an und ging. Kurz darauf hörte ich eine Schreibmaschine klappern. Ich hatte die Hoffnung, dass ein Protokoll über die verbotene Kassette geschrieben wurde. So war es auch. Bald danach war ich frei und fand, fast vor Morgengrauen, unser Team auf dem verabredeten Parkplatz.

Gespräch auf hoher Ebene

Trotz dieser deutlichen Hinweise, dass irgendetwas nicht in Ordnung war, wollte ich dieses Warnsignal nicht wahrnehmen und unternahm einige Monate später eine Reise nach Ostberlin, um die Aktivitäten der nächsten Heiligen Messe zu besprechen. Wie üblich, war der Besucherandrang am Übergang Friedrichstraße groß. Aber, oh Wunder, ca. 15 Minuten nach Passabgabe wurde ich durchgelassen. Bei der letzten Kontrolle wurde ich von einem Uniformierten abgefangen. Er hatte ein Fernschreiben in der Hand und gab mir zu verstehen, dass ich wegen des Kasseteneinzugs am Grenzkontrollpunkt Hirschberg nochmals beim Zoll in einem bestimmten Gebäude in Ostberlin vorsprechen müsste. Was sollte ich tun? Die Falle war zu!

In der Nähe wartete jener schon erwähnte Pfarrer. Er gab mir den Rat, in die Höhle des Löwen zu gehen. Es gab ja auch keine andere Möglichkeit. Mit seinem Wartburg brachte er mich zur angegebenen Adresse. Nach Beendigung meines Gesprächs wollten wir unsere »Messegespräche« fortsetzen, das heißt, Umfang und Menge der nächsten Lieferungen absprechen. Es war tröstlich zu wissen, dass da einer wartete und für mich betete. Groß war meine Enttäuschung, als ich ihn 4 Stunden später nicht mehr vorfand. Erst durch die Stasi-Akten erfuhr ich, dass er der Verräter war. Kaltschnäuzig hatte er mich auch noch zu seinen Auftraggebern gefahren.

Schnell war der Vorfall mit der beschlagnahmten Kassette vom Tisch. Ich merkte, dass es um mehr ging. Zu Beginn unseres Gespräches wollte ich gerne wissen, auf welcher behördlichen Ebene unsere Unterhaltung stattfinden würde. »Auf sehr hoher«, war die Antwort. Den Anfang des Verhörs führte ein grobschrötiger »Gerd Fröbe«-Typ. Er drohte meist und polterte. Der zweite Beamte wollte mir jedoch helfen, damit endlich die illegale Einfuhr deutscher und russischer Literatur aufhöre. Sie hätten nichts gegen eine künftige Vereinbarung zwischen den Kirchen, nur sollte alles seine Ordnung haben, und ob ich nicht dafür tätig werden könnte. Zwischendurch zeigten sie Aufnahmen des beschlagnahmten Busses. Sie eröffneten mir, dass die 185 Audiokassetten aus Beständen der US-Armee kämen, was auch stimmte. Ich staunte über ein solches Detailwissen. Währenddessen wurde fiktiv mit einem anderen Beamten telefoniert und mit diesem besprochen, unsere Verbindungsleute aus dem Raum Leipzig/Dürrenberg zur Gegenüberstellung herbeizuschaffen.

Die Kreise wurden immer enger gezogen. Ich sei der Organisationsleiter von »Licht im Osten« und damit der richtige Mann für sie. Der Gipfel der Frechheit von mir sei gewesen, während der Leipziger Messe die Mauer des Zollamtes zu erklettern. Woher die das alles wussten? Ich verweigerte permanent die Bestätigung ihrer Beweise: »Sie hätten wohl die Falschen erwischt.« Was ich denn in Berlin wollte. »Nun, die Stadt besuchen.« »Was genau?« »Das Pergamonmuseum« – fiel mir glücklicherweise ein. Äußerlich war ich wohl ruhig und auch noch Herr meiner Gedanken. Innerlich hatte ich schon einige Sorgen, wie das wohl alles enden würde. Es war anders als damals in Russland. Die ostdeutschen Kommunisten waren gründlicher, genauer und unverschämter als die Russen.

An irgendeiner Stelle ließ der Grobe einen Schuss ins Blaue los. Was denn wäre, wenn ich nicht rechtzeitig in Westberlin zurück wäre. Meine Freunde würden noch eine Stunde warten, also bis 18.00 Uhr, und dann bestimmte Maßnahmen ergreifen. Das war natürlich ein Bluff. Niemand wartete auf mich. Für die Denkweise solcher Menschen, die nur in Aufträgen, Organisationen und mit Feindbildern zu denken gewohnt waren, war meine Antwort einsichtig und Grund genug, nachzudenken. Das war die Wende. Die Schärfe im Gespräch ließ nach, es wurde freundlicher. Jetzt wurde die kooperative Variante verstärkt. Bei der nächsten Leipziger Messe baten sie um ein erneutes Gespräch, diesmal in Leipzig. Den Ort der Zusammenkunft durfte ich selbst wählen. Ich bestimmte ein Restaurant in der Innenstadt. Aber wie würden die beiden mich finden? Ihre Namen gaben sie nicht preis. Sie wollten mich am ersten Tag meiner Einreise um 13 Uhr in einem Lokal meiner Wahl treffen. Bestimmt würden sie auch da sein, versicherten sie mir glaubhaft. Inzwischen sollte ich mich bei der Evangelischen Kirche um offizielle Einfuhrpapiere bemühen. Zum Schein ging ich auf diesen Handel ein. Es war ein klassischer Fall einer Mitarbeiteranwerbung für die Stasi. Ziemlich deprimiert kehrte ich nach Westberlin zurück. Zuerst dankte ich Gott, dass ich nochmals davongekommen war. Dann genoss ich ein überproportionales Schnitzel mit Pommes und Salat. Das war für meine Psyche gut. Anschließend telefonierte ich mit meiner Frau, die ja auch immer in gewissen Sorgen lebte, wenn sich ihr Mann im Osten herumtrieb.

Das Huckepack-Verfahren

Unser Belieferungskreis in der Leipziger Umgebung war also entdeckt. Es galt nun, neue Wege und Möglichkeiten zu finden. Wir hatten uns in Korntal manche Variante ausgedacht. Eine davon war das so genannte Huckepack-Verfahren. Es funktionierte, hatte aber seine Tücken, da die Nerven der Beteiligten Fehler zuließen.

Die Idee war einfach und sicher unter der Voraussetzung, dass die DDR keine Fahrgestellnummern aufzeichnete. Dazu waren 2 VW-Busse nötig. Einer reiste ganz offiziell auf Einladung in die DDR ein. Dazu wurde ein Verwandtenbesuch vorgetäuscht. Der 2. Bus fuhr voll beladen im Transit von der BRD nach Westberlin. Die Transitautobahn war wie eine neutrale Zone anzusehen. Fahrzeuge im Transitverkehr durften auch nicht kontrolliert werden. Deshalb konnten wir eine sehr große Menge ohne Versteck transportieren, ohne sie zu verstecken. Für den Ernstfall hatten wir Bestellscheine des Hänssler-Verlages dabei und belieferten fiktiv eine Berliner Buchhandlung. Friedrich Hänssler möge uns im Nachhinein den Missbrauch seiner Bestellformulare nachsehen.

Die neuralgischen Punkte waren die Parkplätze und Raststätten an der Transitautobahn. Diese wurden streng, aber nicht lückenlos von der Volkspolizei überwacht. Zu einem bestimmten Zeitpunkt traf sich Team 1 mit Team 2 auf einem Parkplatz. Dann wurden ganz einfach die Nummernschilder gewechselt, die provisorisch mit Magneten fixiert waren. Team 1 mit offiziellen Einreisepapieren musste in den Bus von Team 2 steigen. Die Kfz-Papiere durften nicht gewechselt werden. An der Stelle unterliefen den Teams in der Aufregung Fehler, so dass wir uns um einfachere Methoden bemühten. In den Stasi-Akten konnte ich viele Jahre später in einer wissenschaftlichen Studie eines Oberstleutnants Bartnitzki über »Schleusungsmethoden westlicher klerikaler Organisationen« nachlesen, dass auch diese Methode bekannt war.

Die Grenzorgane hatten ebenso ein besonderes Augenmerk auf Mini-Busse, die mit jungen Leuten besetzt und kurz vorher umgemeldet waren. Es gehörte zu unseren Routine-Sicherheitsmaßnahmen, Autos nach 2-3 Ostfahrten generell umzumelden.

Wir vereinfachten demnach das ganze Geschäft und schickten unsere besten Leute vollbepackt nach Westberlin los. Nur ein Fahrer war dabei vorgesehen, der die Nervenanspannung einer ganzen Nacht allein aushalten und im Übrigen sich den Weg sehr genau einprägen musste. Wir hatten dazu äußerst präzise Skizzen mit Angaben und Bildern. Diese wurden uns von Mitarbeitern in der DDR angefertigt. Sollte ein Transport auffliegen, konnten die Beamten keine zwei Personen gegeneinander ausspielen.

Ken Friesen, ein junger Kanadier, hat solche Fahrten bis zur Schmerzgrenze durchgeführt. Die schwierigste Stelle war wiederum die An- und Abfahrt zur Transitautobahn. War die einmal geschafft, blieb das Fahrzeug auf der Landstraße meist unbehelligt. Die Volkspolizei konnte ja nicht jeden Westwagen kontrollieren und war auch nicht überall präsent. Hier war einfach ein Stück Gottvertrauen, gepaart mit Mut und Frechheit gefragt. Der Fahrer musste, in der Regel bei Nacht, seine Adresse finden. Lange Zeit funktionierte das Verfahren, bis sich auch da die Verdachtsmomente häuften. Das evangelische Pfarrhaus in Gräbendorf, einem kleinen Ort bei Königswusterhausen war lange unser Ziel. Wie erstaunt war ich, in den Stasi-Akten nachzulesen, dass An- und Abfahrten unserer Fahrzeuge sogar videoüberwacht wurden. Auch der Weitertransport durch den Ortspfarrer und seine Söhne geschah nach einiger Zeit unter der Überwachung der Stasi. Merkwürdigerweise wurde unser Treiben lange Zeit beobachtet, ohne einzugreifen. Unsere Abladestellen hatten die Decknamen »Anna, Berta, Paula« usw. Die Terminabsprache geschah anfangs durch Briefe und Karten über Deckadressen in Ost- und Westdeutschland. Nach der Wende bekam ich ordnerweise, fein säuberlich kopiert und geordnet unsere für sicher gehaltene und zudem noch inhaltlich verschlüsselte Korrespondenz zur Einsicht.

Deckname Berta

Wieder mussten wir unser Verfahren verfeinern. In all dieser Zeit war Eberhard Richter mit seiner Frau Trautlinde der nimmermüde Planer und Kundschafter bei Gemeinschaftschristen in der Nähe der Transitstrecke. Eine bis zur Wende nicht entdeckte Abladestelle war »Berta«. Dahinter verbarg sich ein altes Ehepaar in einem einsamen Weiler. Sobald telefonisch oder schriftlich Grüße mit der Losung eines bestimmten Tages ausgetauscht waren, startete in Wien ein Team von OM (Operation Mobilisation) und nahm Kurs auf Korntal. In den Stasi-Akten waren auch diese Bibelgrüße von der »Oma« an Tante Berta nachzulesen. Aus den Aufzeichnungen der »staatlichen Überwachungsfirma« war ersichtlich, dass die »Oma« klar als OM in Wien identifiziert worden war und der Losungsgruß einen Termin benannte. Sie wussten einzig und allein nicht, dass wir zwei Jahre alte Herrnhuter Losungen benutzten.

Im Falle einer Entdeckung sollten die jungen Leute sich naiv stellen. Überall in der ganzen Welt darf man jede Straße benutzen. Es war den jungen Amis, Engländern usw. dann auch nicht einsichtig, warum sie auf der Autobahn bleiben sollten. Ausländer wurden in der Regel auch höflicher und respektvoller behandelt, als Bundesdeutsche. Es war eiserne Regel, nur Ausländer ins »deutsche Feindesland« zu schicken. Ab 23 Uhr etwa war der Bruder »Berta« auf Ausguck. In der Ferne konnte er dann die Scheinwerfer des sich nähernden Fahrzeuges erkennen. Schnell wurde das Tor geöffnet und in der Scheune abgeladen. Anschließend servierte die liebe Tante Berta ein Vesper, was sich bei den immer hungrigen OMern schnell herumsprach und geschätzt wurde.

Nur einmal ging eine solche Fahrt fast daneben. Eine Streife der Volkspolizei hielt das Fahrzeug an, das schon ein gutes Stück im Hinterland war. Aus den Abfertigungsstempeln war ersichtlich, dass es die Transitstrecke verlassen hatte. Was tun? Wie zogen sich der jungen Schweizer als Leiter und zwei amerikanische Girls aus der Affäre? Nun, eines der Mädchen hatte auf einmal starke Bauchschmerzen: Verdacht auf Blinddarmentzündung. Nach Berlin wäre es zu weit gewesen, deshalb die Abfahrt von der Autobahn, um ein Krankenhaus zu finden. Man stelle sich diese komische Situation vor. Der Bus bis zu den Fenstern vollgepackt mit nur mäßig zugedeckter Ware, dazu eine Kontrolle der Volkspolizei und dieses gewagte Alibi. Die Polizisten hatten Verständnis und geleiteten das Fahrzeug zum nächsten Krankenhaus. Dort sollte das Mädchen eine Spritze bekommen. Plötzlich hatte sie keine Schmerzen mehr. In einem unbemerkten Augenblick hat ihr dann der Schweizer sehr bestimmt zugeraunt: »Und du hast jetzt Schmerzen und nimmst die Spritze.« So kam es dann auch. Dergestalt schmerzfrei geleitete der Streifenwagen das Team bis zur Autobahnauffahrt nicht ohne die Belehrung, nicht mehr die Transitstrecke zu verlassen. Die drei unternahmen in dieser Nacht keine weiteren Versuch und fuhren das Material nach Westberlin.

Waren die Bibeln einmal in der DDR, erfolgte der weit schwierigere Teil, diese in die Sowjetunion zu schaffen. Es war regelmäßig in den Stasi-Akten nachzulesen, wie solche Kanäle nur einige Zeit offen blieben und dann entdeckt wurden. Eine Schleusungsaktion geschah einmal mit Wissen und unter Aufsicht von Stasi und KGB. Jürgen Otto, ein Diakon aus Karl-Marx-Stadt (heute wieder Chemnitz) operierte so unter den Augen der Gesetzeshüter. Sein persönlicher IM konnte kaum näher platziert werden: ein Bruder, mit dem er den Männerkreis seiner Gemeinde hielt und auch solche geheimen Fahrten besprach. So wurde der ganze Transport von Chemnitz nach Moskau überwacht. Der einzige Zweck: Die Empfänger in Moskau zu enttarnen.

Einige Monate packten unsere Freunde russische Bibeln in einer Wäscherei der Wäsche einer Offiziersfamilie der Roten Armee diskret bei. Über einige Sommer nahm ein russischer Pilot einer kleinen Propellermaschine Bibeln an. Die DDR misstraute ihren eigenen Piloten wegen Fluchtgefahr und beauftragte russische Piloten und russische Maschinen für den Spritzeinsatz auf ihren riesigen LPG-Feldern. Jährlich zweimal fuhr von Ostberlin nach Moskau der so genannte Friedenszug. Ausgesuchte junge Kader durften mit diesem »Roten Express« die Hauptstadt der kommunistischen Bewegung besuchen. In den DDR-Waggons konnte man Teile der Decke abschrauben. Darunter waren riesige Hohlräume. Sie wurden reichlich benutzt. Bei einer dieser Fahrten wurde unter diesen mehreren hundert sozialistischen Jugendlichen ein Wettbewerb über den Sozialismus ausgeschrieben. Die jungen Christen, die eigentlich in einer anderen Aufgabe unterwegs waren, gewannen den Wettbewerb. Dass die meisten dieser Versuche bekannt wurden, konnte ich Jahre später in den Stasi-Akten nachlesen.

Die Freunde wussten viel, aber nicht alles. So blieb zum Beispiel auch Charlotte Stets trotz vieler Verdachtsmomente unentdeckt. Die Schwester war fast erblindet. Sie lebte in einem Dresdener Vorort. Mit ihrer Blindenbinde genoss sie einen gewissen Schutz und vor allem konnte sie kostenlos die Straßenbahn nach Dresden benutzen. In ihrer bescheidenen Wohnung hatte sie ein ausreichendes Bibellager angelegt. Zweimal je Woche verpackte sie in ihrer Handtasche russische Bibeln. In die braune Tasche passten 15, in die schwarze 25 Bibeln. Diese wurden ohne großes Aufsehen in der russisch-orthodoxen Kirche in Dresden liegengelassen. Ohne Worte, ohne den Priester zu konsultieren. Von dort fand dann das Wort Gottes schon seinen Weg in das weite Russland. Und der Staat bezahlte noch den Transport durch ihre freie Fahrt, wie Schwester Charlotte schelmisch meinte.

Einen besonders schweren Fall von Verrat erlebten unsere Freunde in der DDR durch einen Alkoholiker. Dieser suchte Kontakt mit einem unserer Mitarbeiter. Er gab zu verstehen, dass er die Möglichkeit hätte, russische Bibeln weiterzugeben. Wie konnte seine Glaubwürdigkeit geprüft werden? Mit kleinen Mengen und unter größter Vorsicht, ohne weitere Informationen über die Herkunft der Bibeln usw. begann die Zusammenarbeit. Der neue Mitarbeiter äußerte dann den Wunsch, auf einer Rüstzeit der AGAS (vergleichbar mit dem Blauen Kreuz) mitgenommen zu werden. Er wollte von seiner Sucht frei werden. Bei dieser Rüstzeit bekehrte sich der Trinker. In einem Nebenzimmer des Freizeitheimes kniete er nieder, übergab sein Leben Jesus Christus und wurde gesegnet. Die Freude der Beteiligten über eine solche Wandlung zum Guten kann sich jeder vorstellen, der um die verheerende Wirkung des Alkohols weiß. Aber dies alles war nur Theater, frommes Schauspiel. Der angeblich frei gewordene Alkoholiker war ein IM der Stasi und wurde so in das System eingeschleust.

Geplante Verhaftungen und das Ende der DDR

Inzwischen sind wir in jenem ereignisreichen Jahr 1989, in dem die Mauer fiel. Die Lage hatte sich für unsere Leute dramatisch zugespitzt. Wie gefährdet alle Personen waren, ist wiederum den uns vorliegenden Stasi-Akten zu entnehmen. Am 9. Oktober 1989 sollten durch eine großangelegte Razzia auf einen Schlag ca. 30 beteiligte Personen, hauptsächlich von der Chemnitzer und Leipziger Gegend verhaftet werden. Auch die Internierungsorte standen fest. Eberhard Richter und seine Frau sollten zum Beispiel in die Augustusburg eingeliefert werden.

Einige Tage vorher begannen in Leipzig die Montagsdemos. »Wir sind das Volk«, so skandierten die Massen. So musste diese Großaktion verschoben werden, da die Sicherheitskräfte in Leipzig gebunden waren. Gott hatte wieder einmal eingegriffen. Er ist den Seinen Sonne und Schild.

Die Akte über diese ganze Epoche wollten wir nicht sang- und klanglos schließen. Es waren schließlich bewegende Jahre bis zur Wende. An einem Samstag trafen wir uns alle zu einem gemeinsamen Abschluss. Viele der treuen und mutigen Geschwister kannte ich nicht persönlich. Sie hatten viel riskiert, um russische Christen mit Gottes Wort zu versorgen. Manche Nächte hatten sie auf DDR-Landstraßen verbracht, ihren Trabbi oder Wartburg voller Bibeln, ständig in der Gefahr, erwischt zu werden. Ich war einfach überwältigt. Gerne hätte ich jeden umarmt und lange herzlich gedrückt. Wir begannen unseren Abschluss- und Danktag mit einer Bibelarbeit. Dann wurde von Einzelnen berichtet, wie der Herr bewahrt und durchgeholfen hatte. Auch die dunklen und harten Seiten der Arbeit wurden aufgezeigt: das Unverständnis in der Familie oder Gemeinde, die Einsamkeit, der Verrat von engen Mitarbeitern, die als IMs enttarnt wurden. Der Hass gegen das System, die ganze Heuchelei; das alles stand unausgesprochen und beschwerend im Raum. Die bösen Krallen des Systems und der Vergangenheit, sie waren auf einmal wieder da. Wir spürten deutlich, nur über die Vergebung konnten wir alle frei werden und wieder durchatmen, auch wenn vieles nicht verstanden werden konnte, was Gott zugelassen hatte. So kam es zu einer Gebetsgemeinschaft und Lossagung von dieser bedrückenden Zeit. Es wurde dann ein Tag der Gnade und eines offenen Himmels.

Feigheit

Ein besonderes Erlebnis mit hohem Selbsterkennungswert hatte ich bei einer Albanienreise. Damals war dieses Land total abgeschottet. Enver Hodscha rühmte sich, den ersten atheistischen Staat der Welt geschaffen zu haben. Alle Kirchen und Moscheen waren geschlossen. Albanien war ein brutaler Polizeistaat. Mit ganzer Härte ging die Staatsmacht gegen die Gläubigen vor. Ein katholischer Priester wurde in einem Internierungslager erschossen, als er auf Bitten einer Mutter deren Kind taufte. Nur etwa 5 000 Touristen wurden jährlich ins Land gelassen. Man fürchtete fremde Einflüsse. Die Landschaft war verschandelt mit vielen Bunkern. Sie sahen aus wie halbe Bälle mit Öffnungen. In Maisfeldern, an Straßenkreuzungen, überall waren diese militärisch unsinnigen Bunker zu sehen. Sie mahnten die Bevölkerung, wachsam zu sein gegen die Feinde von außen. Da hinein sollte sich die Bevölkerung zurückziehen, um feindliche Fallschirmtruppen zu bekämpfen.

Eine Möglichkeit das Evangelium zu verkünden gab es nicht. Immer wieder hörte man von scharfen Kontrollen an Touristen, denen alle mitgebrachten Bibeln abgenommen wurden. Es bestand nur die Möglichkeit, über Funk Sendungen ins Land hineinzustrahlen. Die Frequenzen hatte ich dabei und konnte auch einen guten Empfang feststellen, allerdings auf dem Radio eines Touristen.

An einem Sonntag konnte man einen Ausflug ins Landesinnere buchen. Wir waren eine bunte Schar von Deutschen, die sich die Errungenschaften des Sozialismus und einige Museen zeigen ließen. Dort waren auch die Schätze der geplünderten und geschlossenen Kirchen ausgestellt.

Eine dieser Kirchen blieb als Kirche und Museum erhalten. Dorthin zu gehen, gehörte geradezu zum Pflichtprogramm. In der wunderschönen alten orthodoxen Kirche hingen auch Ikonen ihres bekanntesten Malers, Onufri. Der Künstler hatte ein ganz besonderes leuchtendes Rot entwickelt. Seine Leuchtkraft und Intensität ist bis heute unerreicht. Er hat sein Mischrezept als Geheimnis mit ins Grab genommen.

Unser Reiseleiter, ein perfekt deutsch sprechender Albaner, hob besonders in dieser Kirche den Unsinn der Religion hervor. Ausführlich schilderte er, wie das albanische Volk durch wissenschaftliche Aufklärung freiwillig den Glauben abgelegt hätte. Seine Mutter hätte noch an Gott geglaubt, aber auch sie hätte sich überzeugen lassen. Besonders betonte er die Rolle der Kirchen als wirtschaftlichen ausbeuterischen Machtfaktor und hinderlich am Fortschritt in allen Bereichen. Bis dahin hörte unsere deutsche Gruppe, die vermutlich in der Mehrheit aus Kirchenmitgliedern bestand, schweigend zu. Mein Einwand, dass die Kirche und der Glaube nicht nur negative Einflüsse gehabt hätten, entfachte eine peinliche Diskussion. Einige wenige primitive Schlagworte des Reiseführers genügten, um die Gruppe gegen mich aufzubringen. Da war z.B. eine liebe bayrische Oma dabei. So ähnlich stellte ich mir immer eine bayrische Marktfrau vor. Ganz sicher war sie in ihrer Heimat treues Glied ihrer katholischen Kirche. Auf einmal ergriff sie die Partei unseres Reiseleiters. Er hatte sie überzeugt. Auf einmal war die Kirche überflüssig. Hörte ich recht! Andere stimmten dem zu. Kirche, Religion, Glauben, das ist heute rückständig und altmodisch, so setzte der Albaner noch eins drauf.

Spätestens in diesem Moment hätte ich nicht mehr schweigen dürfen. Es wäre ein Leichtes und ohne Konsequenzen für mich gewesen, mich als Christ und damit nicht rückständig zu bekennen. Aber ich schwieg aus Angst und Feigheit. Wenn in irgendeiner Form Albanien zur Sprache kommt, fällt mir diese unangenehme Geschichte ein, wo ich versagt habe. Es muss ja nicht immer eine dramatische Geschichte sein, um zu verleugnen. Oft braucht es viel weniger. Es sind die harmlosen Situationen, in denen wir versagen.

Diesen ganzen Sonntag saß ich in unserem klapprigen Bus neben einem katholischen Priester, der in gleicher Mission im Lande war. Dies hatte ich erst am Abreisetag durch die Indiskretion eines Reiseteilnehmers erfahren.

Heute hat das kleine, stolze Balkanland die höchste Missionarsdichte weltweit. Sehr viele Missionen arbeiten dort. Mein Wunsch ist, dass die freiheitsliebenden Adlersöhne nicht nur ihren Freiheitshelden Skanderberg verehren, sondern den kennen lernen, der ihnen die wahre Freiheit zeigt, nämlich Jesus Christus.

Losungsglaube oder auf Gott vertrauen

Für viele Christen sind die Losungen der Herrnhuter Brüdergemeine ein täglicher Begleiter. Andere besitzen eine Sammlung von ausgesuchten Bibelversen in Zettelform oder dergleichen. Aus einem solchen Zettelkasten zog ich auf einer Ostreise zwei Bibelwörter, die so verheerend negativ waren, so dass ich eigentlich meine Reise hätte abbrechen müssen. Aber es gilt uns immer das ganze Wort Gottes mit allen seinen Zusagen. Sonst müssten wohl alle Benutzer der Losungen an manchen Tagen mit einem mulmigen Gefühl in der Magengegend ihr Tagwerk beginnen. Die Losungen sind Gottes Wort. Seinem Wort dürfen wir vertrauen. Manchmal sind sie aber nur aus einem Zusammenhang heraus zu verstehen. Aber lassen Sie mich der Reihe nach erzählen.

Beim Grenzübertritt von der DDR nach Polen wurde eines unserer Fahrzeuge mit sehr viel russischer Literatur entdeckt. Dazu auch Briefe an russische Brüder in Ostpolen. Im Gebiet um Bialystok spricht die Bevölkerung mehrheitlich russisch. Die Beamten hatten unseren beiden Fahrerinnen so zugesetzt, dass sie unter der Macht der Beweise alles preisgaben, was sie nur wussten. Den beiden wurden Bilder von mir im Gespräch mit Männern gezeigt. Sie waren heimlich in Leipzig aufgenommen worden. Ein Passbild von mir und die Aufforderung, doch endlich zuzugeben, dass Erwin sie geschickt habe, überzeugte die beiden, dass die doch sowieso alles wüssten. Nach langen

Verhören, Protokollen und dergleichen wurden sie schließlich ohne Fahrzeug mit einer saftigen Geldstrafe versehen nach Westberlin abgeschoben.

Zwei Wochen später wollte ich in Polen unsere DDR-Verbindungsleute treffen. Mit im Gefolge dieser Besuchsreise waren zwei weitere Busse mit russischer Literatur. Alle drei Fahrzeuge fuhren getrennt. Wir wollten uns erst in Polen treffen. Unsere Route hatten wir über die Tschechoslowakei gewählt. Den bequemeren und kürzeren Weg durch die DDR wagten wir wegen des letzten Vorfalls nicht zu nehmen. Ich selbst fuhr aus Sicherheitsgründen allein. Spannend für uns war die Frage, ob und wie schnell die DDR den Zwischenfall an die polnische Seite melden würde. Aber die Treffen konnten nicht abgesagt werden. So nahmen wir ein gewisses, aber nicht kalkulierbares Risiko in Kauf. Alle drei Teams sollten über die Grenzstelle Cesky Tesin in Oberschlesien nach Polen einreisen. Die Stadt besteht aus einem tschechischen und polnischen Teil. Ein kleiner Fluss bildet die Grenze. Über eine große Brücke kommt man zur polnischen Seite. Dort haben beide Staaten ihre Abfertigungsanlagen. Üblicherweise musste man durch die umständliche Abfertigung und der Sommerreisezeit bis zu fünf Stunden Wartezeit einkalkulieren. Um die Länge der Fahrzeugschlange festzustellen, begab ich mich zuerst einmal zu Fuß an die Grenze. Auto an Auto reihte sich endlos lang.

Dazwischen entdeckte ich plötzlich einen Mercedes-Bus mit unseren Leuten. Wir grüßten uns kurz. Das war nicht die einzige Überraschung. Einige Fahrzeuge zurück winkte mir das DDR-Ehepaar Grünhard zu. Wir sollten uns erst in Polen sehen. Sie hatten einen kleinen Abstecher in die für DDR-Bürger visafreie Tschechoslowakei gemacht. Dieses Treffen war für mich wie ein Geschenk des Himmels. Während sich der Auto-Lindwurm langsam vorarbeitete, saßen wir unter treibhausähnlichen Verhältnissen in ihrem Trabbi und wickelten unsere Geschäfte ab. Zuletzt hatte ich einen Packen Situationsberichte, Gefangenenlisten, Bücherbestellungen usw. aus der Sowjetunion. Diese wollte ich dann noch auf der tschechischen Seite in Sicherheit bringen, um sie dann bei der Rückreise mitzunehmen. Sie über die Grenze mitzunehmen, war nicht ratsam. In Cesky Tesin wohnte Stanislaw Hecko, Prediger einer Freikirche. Ihm wollte ich das Material bringen. Mindestens die Unsicherheit bei der Ein- und Ausreise nach Polen war damit abgemildert.

Inzwischen hatten wir uns bis auf 300 Meter der tschechisch-polnischen Grenzabfertigung genähert. Auf einmal sehe ich unseren Bus neben der Abfertigungsschlange parken. Er hätte eigentlich schon längst die Kontrollen passiert haben müssen. Was war vorgefallen? Hatten die Polen doch einen Wink von den DDR-Organen bekommen? Alle meine Sinne und Gedanken routierten durcheinander. Sonderbehandlung, Verhöre! Würde das Team dichthalten oder ebenso unter der Macht der Beweise plaudern? Noch eine gute Stunde beobachtete ich den Bus auf der anderen Seite der Brücke. Aber nichts geschah. Über die Brücke wagte ich mich nicht. Ganz deutlich konnte ich den Bus erkennen, der immer noch an der gleichen Stelle stand.

Zu ändern war an dieser Situation vorerst wenig. So besuchte ich in der Stadt unseren Bruder Stan, den Prediger einer Freikirche, und übergab ihm meine Unterlagen. Eine Woche später wollte ich sie bei der Rückreise wieder abholen. Es war mir innerlich klar, dass ich nicht kneifen und trotz der Ungewissheit nach Polen einreisen würde. Langsam wurde es Zeit, selbst die Einreise zu riskieren. Zum Abschied gab es ein riesengroßes Vesper. Man konnte ja nie wissen. Und, so eine schwäbische Weisheit: Essen und Trinken hält Leib und Seele zusammen. Ich war gespannt, was die nächsten Stunden bringen würden. Diese Ungewissheit breiteten wir im Gebet vor Gott aus. Zum Abschied, ich kannte diese Gepflogenheit von früheren Besuchen, kam der Griff in das Losungskästlein unseres Bruders. Aber dieses Wort löste eine ratlose Betroffenheit aus. Es war das Wort aus Jesaja 60,19: »Die Sonne soll nicht mehr dein Licht sein am Tage, und der Glanz des Mondes soll dir nicht mehr leuchten, sondern der Herr wird dein ewiges Licht und dein Gott wird dein Glanz sein.« Stanislaw hatte sich schnell gefangen und bat mich, nochmals ein Wort zu ziehen. Dieses Wort aus dem Neuen Testament war aber nicht viel besser als das erste. Wir konnten ja nicht endlos Bibelkärtchen ziehen, bis ein uns genehmes Wort kommen würde. Das wäre einem Bibelroulette gleichgekommen. Unser Abschied war herzlich und nachdenklich zugleich.

In wenigen Minuten hatte ich die Stadt durchquert und war an der Grenze. Es war Nacht geworden. Von unserem Bus war nichts mehr zu sehen. Die Fahrzeugschlange hatte sich bis zum Brückenanfang abgebaut. Kaum erreicht, kam ein polnischer Zöllner und schleuste mich an der stehenden Schlange vorbei über die Brücke bis zur Abfertigungsstelle. Wieder gingen alle Lichter bei mir an. Der Bus war weg, wohl schon bei einer anderen Behörde. Sie warteten auf mich. War das der Sinn der beiden »negativen« Bibelworte? In dieser kurzen Zeit gelang es mir, einen 3 cm breiten und ca. 10 cm langen Papierfetzen mit der Treffadresse des anderen Tages aus meiner Hemdentasche zu fingern, zu einem Bällchen zu verkrümeln und beim Aussteigen fallen zu lassen. Somit hatte ich kein belastendes Material bei mir. Der Beamte begleitete mich in das Gebäude. Stand mir eine lange Nacht bevor? Es folgte die übliche Prozedur. Routinemäßig und mit gleichgültigem Gesichtsausdruck blätterte ein Beamter anhand meines Passes ein Fahndungsbuch durch, stempelte den Pass ab und ich konnte nach Polen einreisen. Sogar das winzige Papierbällchen fand ich am Wagen wieder. In der Aufregung hätte ich vielleicht die Adresse vergessen.

Was war dem allen vorangegangen? Unser Bus hatte keine grüne Versicherungskarte. Der Abschluss der Versicherung zog sich sehr lange hin. Um die Abfertigung nicht zu behindern, parkte das Fahrzeug neben dem Gebäude. Dort hatte ich es gesichtet und vor meinem speziellen Hintergrund allerhand zusammenspekuliert. Warum ich aus der Schlange herausgenommen wurde, kann wohl nie geklärt werden. Vermutlich wollten die Zöllner einen Ausländer nicht zu lange warten lassen.

Aus diesen spannenden Stunden an einem heißen Augusttag hatte ich gelernt, ja nicht losungsgläubig zu werden, sondern Gott mit seinen ganzen Verheißungen zu vertrauen.

Der verlorene Sohn

Viele kennen das Meisterwerk von Rembrandt. Es hängt neben vielen anderen seiner Meisterwerke in der Eremitage in St. Petersburg. Eine eigenartige Faszination geht von diesem Gemälde aus. Ist es die Harmonie der Wiedervereinigung von Vater und Sohn? Oder der Friede der Heimkehr, dieses – endlich zu Hause sein, nach langen Jahren unsteten Lebens? Ob gläubiger oder gottsuchender Mensch, kaum jemand kann sich dem inneren Anspruch entziehen, wenn man vor diesem Bild steht.

Auf dem St. Petersburger Flughafen wartete ich auf den Flug nach Frankfurt. Der Mann war mir schon im Hotel aufgefallen. Nun traf ich ihn an einem kleinen Café wieder. Sie kennen die schwäbische Methode, mit einem Fremden bekannt zu werden? Nun, sie probieren es einfach einmal auf schwäbisch, etwa so: »So, Sie sind au net hiesig?« Diese Feststellung und Frage zugleich, zeigt sofort den gewünschten Erfolg. Es war ein Landsmann, wie ich vermutet hatte, aber nicht aus südlichen Gefilden. Dies tat unserem nun folgenden lebhaften Gespräch keinen Abbruch.

Mein Gegenüber war in einer dienstlichen Angelegenheit unterwegs. Anschließend gönnte er sich drei Tage St. Petersburg. Ob er denn auch die Eremitage besucht hätte? Selbstverständlich, war seine Antwort, schon mehrmals wäre er dort gewesen. Ob er denn auch den »Verlorenen Sohn« besucht hätte. Aber ja, dieses Bild liebe er über alles. »Jeder Mensch hat doch eine Sehnsucht nach einem Vaterhaus«, so versuchte ich den Faden weiter zu spinnen.

Nun waren wir bei meinem Thema, so dachte ich. Aber das Gespräch nahm einen anderen als den von mir erhofften Verlauf. Es stellte sich heraus, dass mein Gegenüber vergleichende Religionswissenschaft studiert hatte. Er wusste über das Thema Gott gut Bescheid. Es kamen die übliche Argumente, dass in jeder Religion Gott am Wirken sei, niemand besitze die ganze Wahrheit usw. Vor einigen Wochen war seine Schwester gestorben. Sie war mit einem Hindu verheiratet gewesen. Zu ihrer Beerdigung war er dort und hatte ihre Asche in den Ganges gestreut. Meine Chancen, das Gespräch auf den einzigartigen Gott der Bibel zu lenken, waren gleich Null. Die Wissenschaft stand uns zu sehr im Weg. Aber offensichtlich gibt sie doch keine Antwort auf die tiefe Sehnsucht des Menschen nach Geborgenheit und Heimat. Da war ein gebildeter, weit gereister Mensch, der theoretisch diesen Weg wissen müsste. Ein Gottsucher, der das Gemälde des verlorenen Sohnes von Rembrandt lieb hatte. Ob er sich selbst in diesem Sohn wieder fand, und er sich dessen nur nicht bewusst war? Zur Sehnsucht nach dem Vater gehört eben auch der Wille, das Aufstehen aus der jeweiligen Lebenssituation und damit die Heimkehr.

Der gehängte Lenin

Wolga-Flusskreuzfahrt September 1997. Die MS Scholochow brachte uns 280 LIO-Passagiere in 12 Tagen sicher von Moskau bis Wolgograd. Etwa auf halbem Weg besuchten wir die Hauptstadt der Tatarenrepublik, Kasan. Etwa 40 km davon entfernt liegt Selenodolsk, zu deutsch Grüntal. Im Kulturhaus der Stadt feiern wir Gottesdienst mit einer seit fünf Jahren bestehenden freikirchlichen Gemeinde. In dieser Zeit ist sie auf 100 Mitglieder angewachsen. Die stellvertretende Bürgermeisterin der Stadt lobt in ihrem Grußwort ausdrücklich den sozialen Einsatz der Gemeinde. Auch mit den fast 300 Gästen vermittelt das Kulturhaus einen noch fast leeren Eindruck. Die kleine Gemeinde ist dort sonntags zu Miete. Je nach Wohlwollen und Willkür, aber längst nicht überall, gestatten die Behörden die Benutzung öffentlicher Häuser. Nach einer stürmischen Phase der Gemeindegründungen wäre jetzt der Bau von Bethäusern dringend notwendig. Den meisten Gemeinden fehlen dazu die Mittel.

Als Mitverantwortlicher der Reisegruppe darf ich während des Programmes auf der Bühne Platz nehmen. So will es das »Protokoll«. Mein Blick wandert umher. Plötzlich bleiben meine Augen an einer Lenin-Statue hängen. Da steht er, der kahlköpfige Vater der Revolution als Büste, zwei Meter hoch, in weißem Marmor gehauen. Diesmal nicht im Scheinwerferlicht, wie das früher millionenfach der Fall war. Wie wurde doch sowjetischen Schulkindern beigebracht: Lenin lebte, Lenin lebt, Lenin wird leben. Und: Glauben ist etwas für alte Frauen. Mit fortschreitendem

Sozialismus wird der Glaube an einen Gott von allein aufhören. Gott wird vom Menschen als unbrauchbar entsorgt. Nikita Chruschtschow nannte in den 60er Jahren in einem beispiellosen Anfall menschlicher Selbstüberschätzung das Jahr 1980, in dem er den letzten Christen im Fernsehen vorführen könnte, als Relikt der Vergangenheit.

Nun hatte sich das Blatt gewendet. Für eine junge wachsende Gemeinde in jenem Kulturhaus war Lenin nur noch Vergangenheit. Er war von der Geschichte überholt worden. Er stand in der Rumpelkammer. Zwischen zwei Kulissenvorhängen musste er zuschauen, wie junge und alte Menschen Gott lobten. Aber halt, da war ja noch der Strick. Ein Spaßvogel, vermutlich von der Bühnenmannschaft, hatte einen Strick um Lenins Hals gelegt, und ganz klassisch mit einem Diebsknoten versehen, ganz so wie in Wildwestfilmen Viehdiebe aufgehängt werden. Lenin hatte einmal in den 20er Jahren die Parole ausgegeben: Die Kapitalisten liefern uns den Hanf, daraus drehen wir die Stricke, an denen werden sie anschließend aufgehängt. In jener Zeit nach dem Ersten Weltkrieg lebte die KPdSU in der euphorischen Zukunftsvision, dass in Deutschland bald die Revolution ausbrechen und das Land wie eine reife Frucht für den Sozialismus eingenommen werden könnte. An jenem Abend ist mir neu deutlich geworden, dass Jesus Sieger ist, nicht nur über den Tod, sondern auch über alle Mächte dieser Welt.

Der Glaube an Gott ist wie eine schlimme Krankheit (Lenin)

Lenin ist uns dann nochmals begegnet und zwar in dem Ort Marx. Bei Marx beginnt das ehemalige Siedlungsgebiet der Wolgadeutschen, das sich dem Strom entlang bis auf die Höhe von Kamyschin erstreckt, wobei der Siedlungsschwerpunkt überwiegend am linken Ufer lag. In Katharinenstadt, wie Marx damals hieß, lag bis 1922 das Verwaltungszentrum, bis es dann nach Pokrowsk (Engels) verlegt wurde. 1924 wurde die Autonome Sozialistische Sowjetrepublik der Wolgadeutschen ausgerufen. Sie umfasste eine Fläche von 28 200 qkm, war also noch um ein Viertel größer als das heutige Bundesland Hessen, und beherbergte fast eine Million Bewohner deutscher Abstammung in über 300 Dörfern und Kleinstädten.

Die Blütezeit der selbständigen Republik mit der deutschen Amtssprache war aber nur von kurzer Dauer. Im August 1941 wurde das Staatsgebilde per Dekret durch Stalin aufgelöst. Die deutschen Bewohner wurden zwangsdeportiert. Was übrig blieb von der ehemaligen lutherischen Kirche in Marx nach Fremdnutzung durch ein Kino und schonungslosem, zerstörerischem Gebrauch lässt immer noch ahnen, wie gewaltig und stolz diese Kirche den Wohlstand und Glauben der Wolgadeutschen demonstrierte. Ohne den abgetragenen Turm sah das Kirchenschiff mit seinen imposanten Säulen einem griechischen Tempel ähnlich. Darin versammelt sich jeden Sonntag wieder eine kleine lutherische Gemeinde von etwa 30

Personen. Die energische Gemeindeleiterin Eleonore berichtete uns von der Verschleppung der Wolgadeutschen 1941 hinter den Ural. Heute haben diese zurückgekehrten Deutschen die Hoffnung, dass anstelle der früheren Wolgarepublik ein deutsches Siedlungsgebiet entstehen könnte.

Auf dem Vorplatz der Kirche habe ich ihn dann wieder getroffen, Wladimir Uljanow, dessen Deckname Lenin war. Er war Sohn einer deutschen Mutter, einer Maria Blank. Diesmal jedoch nicht so bescheiden als Büste, sondern mindestens 20m groß. Ein Arm war ausgestreckt, so als ob er über das Land herrschen wolle. Aber seine Herrschaft ist gebrochen. Der Glaube feiert auch an der mittleren Wolga eine fröhliche Wiedergeburt. Und er muss zuschauen, wie sich in Marx, genau vor seinen Füßen, sonntags eine kleine Gemeinde versammelt. Was hatte er einmal gesagt. Der Glaube an einen Gott ist viel schlimmer als die schrecklichste Krankheit.

Wolgograd – Jesus hat den Tod besiegt

Das ehemalige Stalingrad, vor der Revolution das zaristische Zarizyn, nennt sich heute Wolgograd. Hier tobte eine der blutigsten Schlachten des Zweiten Weltkriegs vom Sommer 1942 bis Februar 1943. Stalingrad war die entscheidende materielle und psychologische Wende im Zweiten Weltkrieg, Heute findet man keine Spuren der Zerstörung mehr. Die 90 bis 100 km lange Stadt ist modern aufgebaut. Nur das Verteidigungsmuseum in der Uliza Gogolja 10 sowie eine deutsche Mühle in der Stadtmitte, die als Gefechtsstand eines russischen Truppenteils diente, und Mamajew Kurgan, eine Anhöhe der Stadt, die fünf Monate lang besonders umkämpft war und das riesige Standbild der »schwertschwingenden Mutter Russlands«, erinnern an dieses dunkle Kapitel in der Geschichte.

Unsere Reisegruppe besuchte auch den gerade entstehenden deutsch-russischen Soldatenfriedhof am Rande der Stadt. Dort beginnt die kalmückische Steppe. Es brauchte nicht viel Phantasie, um sich den bitterkalten Winter 1942/43 vorzustellen, angesichts dieser baumlosen, schutzlosen Steppenlandschaft. Unsere Posaunen spielten. Prälat Rolf Scheffbuch erinnerte eindrücklich an diese Zeit. Vor unserem Inneren stand der Auferstandene. Auch über diesem Gräberfeld hat der lebendige Herr seine Macht.

Nur Jesus lieb haben

Jakutien liegt in Nordostsibirien. Im Winter werden dort Temperaturen bis zu 60 Grad Minus gemessen. Etwa in der Mitte des Landes liegt die Stadt Jakutsk. Das Land ist weit, einsam, menschenleer. Kein Wunder, dass sich die Ankunft eines Evangelisationsteams schnell herumspricht. Die insgesamt zehn jungen Christen wurden kurz nach ihrer Ankunft von der Radiostation von Jakutsk zu einer eineinhalbstündigen Life-Sendung eingeladen. Hörerfragen konnten während der Sendung über das Telefon gestellt werden.

Fast wäre der Missionseinsatz vorzeitig zu Ende gewesen. Die Stadtverwaltung wollte jegliche Unruhe in der Stadt vermeiden. Die Gruppe wurde auf das Rathaus vorgeladen. Es kam zu einem Gespräch über Sinn und Zweck ihres Besuches. So kurz nach der Wende war noch manchem Sowjetbürgermeister jegliche Form von Mission und Evangelisation verdächtig. Den Ausschlag gab schließlich der Politoffizier eines Lagers für jugendliche Straftäter. Diese Botschaft, das war genau richtig für seine Leute. Vielleicht konnten diese Christen seinen Insassen etwas Tugend und Moral beibringen. So kam es zur Einladung ins Lager. »Ich habe wöchentlich zwei Stunden politische Schulung, die stelle ich euch zur Verfügung«, so schloss der Offizier seine Einladung ab. Für ein Mitglied des Teams war das mit Stacheldraht umzäunte Gelände kein Neuland. Ihm war alles noch so vertraut. Erst vor zwei Jahren wurde er dort entlassen. Nun kam er als freier Christ zurück, um seinen ehemaligen Mitgefangenen die gute Botschaft zu bringen.

Offensichtlich hatten die jungen Christen ihre Prüfung bestanden. Sie durften in der Stadt bleiben und mieteten eine 1 500 Besucher fassende Halle für einige Abendveranstaltungen. Es kamen viele Menschen: Neugierige, Suchende, Gaffer. Bis weit auf den Vorplatz hinaus standen die Menschen. Am Schluss der Abende wurde die Gruppe von Besuchern, die kaum etwas vom Evangelium wussten, gebeten wiederzukommen. »Wir wollen noch viel mehr von der Bibel hören.«

Die Verantwortlichen der Mission im 7 000 km entfernten ukrainischen Rowno bewegte dieser Wunsch sehr. Sie überlegten sich konkrete Schritte. Schließlich sandten sie einen jungen Bruder nach Jakutien. Er hat den Schreinerberuf gelernt. Die Lage war am Anfang nicht gerade hoffnungsvoll. Die bestehende kleine Gemeinde war in den Jahren von 30 auf 15 Glieder zusammengeschrumpft. Der dortige Gemeindeleiter entmutigte ihn noch mehr. »Wir haben schon alles versucht, es bekehrt sich keiner«, so sein Kommentar. Aber der junge Mann ließ sich nicht entmutigen. Er begann am Arbeitsplatz von seinem Herrn zu erzählen und lud seine Kollegen zum Gottesdienst ein. Gleich am Anfang bekehrte sich ein Mann, nach sechs Monaten kamen weitere neun Personen dazu. Die Gemeinde erholt sich langsam. Was war das Geheimnis des jungen Mannes? Hatte er eine besondere Redegabe?

Hatte er eine besondere Begabung als Evangelist oder eine gewisse Ausstrahlung? Eine Weile überlegte der vor mir sitzende Missionsleiter meine Fragen. »Nein«, sagte er nachdenklich, »eigentlich hat er keine besondere Begabung, außer dass er den Herrn Jesus lieb hat.«

Alles begann mit einem verlorenen Buch

In der Sowjetunion stellt ein Buch einen unvergleichlich höheren Wert dar als bei uns. Besonders wenn es ein christliches Buch ist, die Biographie von Joni Eareckson zum Beispiel. Pech war es für einen, der es im Zug liegenließ, samt Brille. Für einen anderen aber der Beginn seines Weges zu Gott, oder sollte ich besser sagen, des Weges zu Wladimir, denn so heißt er, unser junger Mann.

Der hochbegabte Lenin-Stipendiat stammt aus hohen gesellschaftlichen Kreisen. Sein Vater ist angesehener Staatsbeamter, sein Großvater war Oberst der Geheimpolizei. Fasziniert durcheilen seine flinken Augen die Broschüre, sein wacher Verstand begreift: hier ist mehr als das, was ich bisher über das Leben zu wissen meinte. Er verschlingt das Buch geradezu. Dann erbittet er von Korntal eine Bibel und bekommt versehentlich verschiedene Broschüren. Darin entdeckt er Sendezeiten christlicher Programme. Einen ganzen langen Tag dreht er die Skala seines Transistors hin und her, leider ohne Erfolg. Verärgert schreibt er uns einen Brief und beklagt sich über die Lügen. Er meinte, endlich einem solchen antisowjetischen, klerikalen Zentrum auf die Spur gekommen zu sein. Er bekommt die Sendezeiten und Frequenzen zusammen mit einem freundlichen Brief zugeschickt. Und wirklich: Er findet die Sendungen. Und er hört die Botschaft von Jesus Christus auch ganz unmittelbar, ganz direkt für sich. Das war die Gnadenstunde im Leben des jungen Wladimir.

Seitdem gibt es einen Missionar auf der Universität. In Kreisen, die sonst nicht so einfach mit dem Evangelium zu erreichen sind, erzählt er von seinem neuen Leben mit Christus. Und alles begann mit einem verlorenen Buch, das von »Licht im Osten« herausgegeben wurde.

Die schönsten Blumen meines Lebens

Wir kommen gerade vom Vormittagsgottesdienst einer Gemeinde in Kiew. Die Blumen in meiner Hand, ein Geschenk der Gemeinde, lassen in unserem Gastgeber eine Erinnerung wach werden. Aber lassen wir ihn selbst erzählen:

»In der Stadt Manewitscha (Wolynien) gibt es ein Straflager mit 1 500 Schwerverbrechern. Dorthin fuhren wir zu einem Lagergottesdienst. Kurz vorher hatte eine Amnestie stattgefunden, so dass wir wirklich nur ›schwere Jungs‹ vor uns hatten. Der Lagerchef warnte uns, unsere Veranstaltung nicht über eine Stunde auszudehnen. Sie hätten sogar Astronauten da gehabt. Mit nichts könne man die Aufmerksamkeit der Insassen auf sich ziehen. Wir begannen unser Programm mit Lied, Ansprache, Zeugnissen. Nach einiger Zeit sah ich manche feuchte Augen. Verstohlen flossen Tränen über die harten Gesichter. Unsere Zeit ging zu Ende. Entgegen der Prognose des Lagerchefs mussten wir auf Wunsch unserer Zuhörer nochmals über eine Stunde mit unseren Liedern und biblischen Kurzansprachen fortfahren. Schließlich kam der Augenblick, den ich nie vergessen werde. Es wurde mir ein Strauß Blumen, vermischt mit allerlei Kraut, überrreicht. Es war nicht gerade ein Strauß für gehobene Anspüche, aber das war jetzt nicht wichtig. Aus dem Wenigen, was in einem sowjetischen Lager so neben den Baracken und Zäunen wächst, leuchtet mir der Dank der Häftlinge entgegen. ›Wenn wir auch nicht so werden wie ihr, wir werden auch nicht mehr sein wie vor eurem Besuch‹, so sagte es uns ein Häftling zum

Abschied. Wie geht es weiter in jenem Staflager? Inzwischen fanden weitere Besuche statt. Einige der Häftlinge möchten ein neues Leben beginnen und sich taufen lassen. Das ist ein noch herrlicheres Geschenk als ein Strauß Blumen.«

Einladung ins Weihnachtswohnzimmer – Eine Begegnung mit Alexander Men

»Einladung ins Weihnachtswohnzimmer« stand als Überschrift zu diesem adventlichen Treffen in Moskau. Waldemar Zorn und ich waren zur Weihnachtszeit 1989 in Moskau. Unsere Freunde nahmen uns zu dieser Feier mit.

Der bekannte russisch-orthodoxe Theologe hatte in den festlich geschmückten Raum einer Bibliothek eingeladen. Er galt als der profilierteste russisch-orthodoxe Theologe und Publizist. Seine Bücher erreichten hohe Auflagen. Der ökumenisch eingestellte Priester jüdischer Herkunft wurde kurze Zeit später auf dem Weg zur Frühmesse ermordet. Die Umstände seines Todes waren mehr als merkwürdig: Wer sollte einen an sich harmlosen, unpolitischen russischen Priester ermorden? Die polizeilichen Ermittlungen zogen sich lange Zeit hin. Es entstand der Eindruck, dass gewisse Kreise (ROK und KGB) an einer Aufklärung keineswegs interessiert waren. So wurde nach einigen Jahren die Akte »Men« geschlossen. Die Gerüchte verstummen jedoch nicht, dass seine eigene Kirche mit in den Mord verwickelt gewesen sei, um einen reformerischen Unruheherd auszuschalten.

An jenem Abend saßen etwa 200 Personen dicht gedrängt beieinander. Die gut sichtbar aufgestellte Krippe erinnerte uns an die Heimat. Es war der 22. Dezember 1989, zwei Tage später war dort Heiligabend, während die russisch-orthodoxen Gläubigen ihr Weihnachtsfest erst am 7. Januar feiern. Die stimmungsvolle Weihnachtsmusik vom Tonband war eine gute Einstimmung zu der anschließenden Weihnachtsansprache von Alexander Men.

Gegen Schluss der Veranstaltung kamen noch drei Deputierte (Abgeordnete des gerade tagenden Parlaments) dazu, russisch-orthodoxe Christen, die die Interessen der Gläubigen dort vertraten. Sie wurden mit überaus freundlichem Beifall empfangen. Es war nicht nur aus Höflichkeit, als zum Schluss die »protestantischen Brüder« zu einem Grußwort aufgefordert wurden. Ich sprach von dieser einzigartigen »Liebesgeschichte Gottes mit seinen Menschen« (frei nach Wenzelmann), die zu Weihnachten seinen Anfang nahm und am Kreuz auf Golgatha seine Erfüllung gefunden hätte. Diese Liebe Gottes wäre das Band, das uns eint: Die Zuwendung und Liebe des Ewigen zu uns Sündern.

Für einen Rubel wurden Lose angeboten. Als Preise gab es Bücher und Neue Testamente zu gewinnen. War es Ironie, dass Waldemar und ich aus vier gekauften Losen vier Preise bekamen? Gerne verschenkten wir die Bücher an die Besucher. Jene waren teilweise von »Licht im Osten« herausgegeben worden.

Jesusfilm bei der Betriebsfeier im Hauptzollamt

Unser einheimischer Gesprächspartner wollte dort verhandeln, wie auf befriedigende Weise unsere Bücher in die Sowjetunion eingeführt und über eine Buchhandelsorganisation verkauft werden könnten. Die verschiedenen Einfuhrmöglichkeiten waren bald durchgesprochen. Dann aber wollte der Chef des Zollamtes mehr wissen. Für christliche Bücher, die illegal ins Land gebracht wurden, war er ja schließlich jahrelang zuständig. Seine Behörde hielt mit relativ gutem Erfolg das Land jahrzehntelang von ideologisch nicht konformer Literatur sauber. Dazu gehörte auch die Bibel. Gott gab es nicht, und der christliche Glaube, das war etwas für alte Frauen. Aber wie sich die Zeiten ändern. Auch Zollbeamte tun nur ihre Pflicht und folgen den jeweiligen Vorschriften. Und wenn schon Perestroika ist, die Bibel kein verbotenes Buch, Gott wieder großgeschrieben wird in der russischen Literatur und die Christen hoffähig, dann, ja dann sollten seine Angestellten einmal gründlich mit dem christlichen Glauben bekanntgemacht werden.

Bei der folgenden Betriebsfeier des Hauptzollamtes Moskau wurde von unseren Freunden der Jesusfilm gezeigt und erklärt. Was der Herr aus einem Besuch beim Zollamt alles machen kann!

Warum die Garderobenfrau weinte

Garderobenfrauen sind nicht nur bei uns wichtige Leute, auch in der Sowjetunion. Dort sogar noch mehr. In der Überflussgesellschaft des Westens wäre mancher vielleicht froh, den alten, abhanden gekommenen Mantel durch einen neuen ersetzen zu können. In der Sowjetunion kaufte man nicht so leicht einen neuen Mantel. Bekleidung war teuer. Deshalb ist die Garderobenfrau eine wichtige Person. Aber lassen Sie mich von vorne erzählen:

In einer städtischen Halle saßen die Besucher dicht gedrängt. Unerwartet viele kamen zu diesem Evangelisationsabend, der von einer baptistischen Jugendgruppe veranstaltet wurde. Zum Schluss wurde jedem Besucher ein Neues Testament geschenkt. Ein junger Mitarbeiter nahm sich ein Exemplar, um dieses ganz gezielt jemandem geben zu können. Er vertraute dem Heiligen Geist, dass er den nötigen Impuls bekommen würde. Vielleicht dachte er an einen Hippie oder eine andere Gestalt, die weit weg vom Glauben wäre. Aber komisch, er wurde sein Geschenk nicht los. Langsam ließ er sich mit den nach Hause strebenden Menschen zum Ausgang treiben. Und dort entdeckte er unsere Garderobenfrau. Es war ihr anzusehen, dass sie Kummer hatte. Sie wischte sich die letzten Tränen ab. Der Rest ist schnell erzählt. Sie wollte in den Saal und ein Neues Testament ergattern. Aber der strenge Herr Direktor hatte es ihr verboten, sie musste die Mäntel bewachen. So ging sie leer aus. Der junge Freund wusste nun, wen er zu beschenken hatte.

Sektierer und Stundisten

Sie tragen immer noch diese Schimpfnamen, wie schon seit 150 Jahren. Damals kam dieses Wort auf. Die Deutschen in ihren Siedlungsgebieten wurden so von der Bevölkerung, die zur rechtgläubigen, russisch-orthodoxen Kirche gehörte, beschimpft. Die »Schtunda«, das war Begriff und Schimpfwort für die Sektierer mit ihrem falschen Glauben zugleich. So wurde dieses Wort in die russische Sprache übernommen. Man weiß, wo man dran ist, wenn dieses Wort fällt, bis heute.

Wir stehen vor der Zentrale der ukrainischen Baptisten in Kiew. Ein älterer Mann gesellt sich zu uns. Wir kommen ins Gespräch. Da erzählt er uns folgende Geschichte: Er war vor einigen Tagen in einer großen russisch-orthodoxen Kirche. Auch im Winter gibt es dort Touristen aus anderen Teilen der Sowjetunion. Er beginnt ihnen die Bedeutung des Kreuzes Jesu und seinen Weg für uns ans Kreuz zu erklären. Schnell hat er die Besucher um sich gesammelt. Zwei Nonnen werden aufmerksam. Sofort bemerken sie das ungeheuerliche Treiben dieses Fremden. Die Predigt vom Kreuz Jesu war rasch zu Ende. Unser Bruder wurde hinausgeworfen, ziemlich harsch. Nun, das hätten er und wir noch verstanden. Unerlaubt in fremden Kirchen Ansprachen zu halten, geht nicht so einfach.

Aber die beiden eifrigen Nonnen beschimpfen ihn. Sie rufen ihm »Stundist, Stundist« nach. Er weiß, was das bedeutet. Sie tragen immer noch diesen Namen, die Nachfahren der Stundenleute aus Deutschland, im Zeitalter der Ökumene.

Gebet in einem Moskauer Café

Er ist mir noch deutlich vor Augen, der junge, aufgeweckte russisch-orthodoxe Priester. Wir trafen ihn im Café des Hotels Ukrainia in Moskau. Er kannte »Licht im Osten«, denn er bekam schon lange unsere Bücher zugeschickt. Sein Dienstort war eine Kleinstadt ca. 100 km nördlich von Moskau. Dort gab es noch keine orthodoxe Gemeinde. So konnte er von Grund auf missionarisch, erwecklich arbeiten. Besonders das Buch von Erich Schnepel »Jesus Christus – Ende der Religion« nahm er als Grundlage für seine Gemeindearbeit. Dieses Buch hatte ihn selbst zum persönlichen Glauben geführt. Er spricht zu uns von der Bekehrung des russischen Volkes. Nur eine Hinwendung zu Christus verändere auf Dauer die Gesellschaft. Das russische Volk sei nie richtig missioniert worden, nur christianisiert. Unter einer dünnen christlichen Kruste würde immer noch der alte heidnische Aberglaube weiterexistieren. Dieser wäre in seiner ganzen Grausamkeit 1917 bei der Revolution zum Vorschein gekommen.

Ich fragte ihn, ob er wisse, dass ihn seine theologische Position in Konflikt und Leiden führen würde? Bewusst und ernst bejahte er dies. Am Schluss stand unsere Gruppe um den Tisch. Wir hielten eine kurze Gebetsgemeinschaft inmitten der anderen Gäste. Seitdem muss ich an den mutigen, erweckten jungen Priester der russisch-orthodoxen Kirche denken.

Wiedergutmachung

Aus dem Fenster des Flugzeugs blicke ich auf die Weite des russischen Landes. Meine Gedanken wandern zurück in die schreckliche Zeit des Zweiten Weltkrieges. Hier also haben die Deutschen gekämpft; sinnlose Befehle eines Diktators ausführen müssen. Irgendwo da unten, da muss mein Vater durchgekommen sein auf seinem langen Marsch mit seiner Division bis zu den Bergen des Kaukasus. Er hat mir davon erzählt, wie dann seine Einheit auf dem Gipfel des Elbrus die deutsche Fahne hisste. Wurde er mitschuldig am Leid des russischen Volkes? Bin's ich dann auch? Gibt es eine Kollektivschuld der Deutschen? Eigenartige Gedanken, die mich jetzt beschäftigen. Sie vermischen sich mit Erzählungen und Bildern aus Kriegsbüchern. Schuld! Dieser Gedanke lässt mich nicht los.

Als Mitarbeiter von »Licht im Osten« bin ich jetzt zum ersten Mal so richtig in diesem Land. Ich erlebe die Menschen, ihre Herzlichkeit und Aufgeschlossenheit. Sie sind dankbar für die vielen Bibeln und Bücher, die wir dem russischen Volk zur Verfügung stellen können. Das war's! Der Schlüssel zur Wiedergutmachung für das russische Volk heißt: Jesus Christus. Nur er kann Schuld wegnehmen und vergeben. Nur Jesus kann auch Frieden schaffen zwischen Menschen und Völkern. Ich wurde dankbar, ein kleines Glied in dieser Wiedergutmachungs-Aktion zu sein.

Es war ein eigenartiger Zufall, dass Dr. Heiko Krimmer und ich am 22. Juni 1991 in Wladikawkas in Nord-Ossetien in einem einheimischen Fernsehstudio saßen und nach dem Zweck unserer Reise befragt wurden. Gerade an jenem Tag vor 50 Jahren hatte die Wehrmacht dieses Land überfallen. Sollte ich dieses heiße Eisen anpacken? Warum sollte ich schweigen? So habe ich diesen unheilvollen Tag, an dem das Verhängnis seinen Lauf nahm, als Einstieg benutzt. Es war dann für Dr. Krimmer ein Leichtes, in seiner Ansprache auf den hinzuweisen, der Völker wirklich versöhnen kann.

Jesus schafft Versöhnung

Wer einmal dieses Land besucht hat, weiß was russische Weite heißt. Fast endlos ziehen sich die Straßen durch das Land, nur unterbrochen von Dörfern und kleinen Häusern. Nach einer 18-stündigen Fahrt erreichten wir von Kiew über Rostow am Don kommend Krasnodar, das Tor in den Kaukasus. Hunderttausende von deutschen Soldaten waren diese Strecke marschiert und viele davon noch weiter, bis auf die höchste Spitze des Elbrus. Darunter auch mein Vater. Er hatte mir die Geschichte einmal erzählt. Eine Einheit der Gebirgsdivision sollte auf dem Südgipfel des Elbrus die Reichskriegsflagge hissen. Ein militärisch unsinniges Unternehmen, das nur dem Ansehen der Edelweiß-Division nutzte. Aber er war dabei und hat noch nach vielen Jahren sehr bewegt davon berichtet. Heute kann man auf etwa 3 500 Meter mit einer bequemen Gondel in das Gebirgsmassiv hineinfahren.

Das taten wir dann auch und bestaunten die herrliche Bergwelt des Kaukasus. Bei der Endstation war ein kleines Museum für die Verteidiger des Kaukasus eingerichtet. Die schrecklichen Jahre dieses Krieges haben uns, Waldemar Zorn und mich, dann aber an einer anderen Stelle eingeholt. Unten, in dem lang gestreckten Hochtal, das zum Elbrus führt, liegt Tirnaus. Dort waren wir zu Gast bei einer kleinen russischen Gemeinde. Ihre Gastfreundschaft war überwältigend. Es gab wie immer den köstlichen und gut schmeckenden russischen Borschtsch. Ich wurde aufgefordert zu erzählen, wie denn das damals gewesen sei. Viel konnte ich nicht berichten. Eben nur das, dass mein

Vater hier als Soldat gewesen sei. Neben mir begann eine Frau zu weinen. Lange Zeit beruhigte sie sich nicht. Dann begann sie zu erzählen:

Beim Einmarsch der deutschen Truppen lebte sie mit ihrer Familie zusammen in der Ukraine. Dort hat sie Angriffskämpfe und schreckliche Zeiten erlebt. Ein deutscher Soldat hat sie aus irgendeinem Grund mit seinem Stiefel in eine große Wasserlache gedrückt. Sie hat Todesängste ausgestanden. Seitdem hörte sie auf einem Ohr nicht mehr. Lange Zeit bekam sie bei deutschen Stimmen »innere Zustände«. Diese schreckliche Last ihres Lebens hat sie immer mit sich herumgetragen, bis zu jenem Augenblick, als wieder ein Deutscher neben ihr saß und vom Krieg erzählte. Ihre frühe Jugend mit dem bösen Krieg kam aus ihrem Unterbewusstsein hoch. Ihr Tränenstrom war kaum zu stoppen. Lange schluckte sie vor innerer Erregung. Einige Jahre zuvor war sie Christin geworden. So war es möglich, über Vergebung und Versöhnung zu reden. Das haben wir dann auch getan und miteinander gebetet. Ich habe den Heiligen Geist noch nie so unmittelbar und fast greifbar erlebt wie in jener armseligen Gemeinde in Tirnaus, als wir vom Kaukasusmassiv heruntergekommen sind.

Es gibt Parallelen in der Geschichte von Menschen und Völkern. Auch bei den Russen untereinander gibt es viel Schuld, viel blutbefleckte, leidvolle Vergangenheit. Und auch Fälle von Wiedergutmachung. Der Geist Gottes bewirkt das, ohne Befehle oder irgendeine Dienstanweisung.

Unsere Geschichte geschah in Georgien. Dort wurde in

den 20er Jahren von einem Funktionär des NKWD eine Kirche beschlagnahmt. Ganz im Zeichen der neuen Zeit, die ohne Gott auszukommen glaubte, wurde in der Kirche ein Kino installiert. Das Volk war empört und aufgebracht. Ein Widerstand organisierte sich. Der für die Schließung Verantwortliche galt als brutal und zu allem entschlossen. An seinen Fingern klebte Blut. Schließlich wurde er vom einheimischen Widerstand ermordet.

Dieser ermordete Kommunist hat einen Sohn. Auf der philosophischen Fakultät in Moskau studierte er wissenschaftlichen Atheismus. Je mehr er sich aber in sein Studium vertiefte, desto unsicherer wurde er. Bis er schließlich von Gott gefunden wurde. Er wurde Christ und besuchte anschließend das geistliche Seminar der ROK. Nach sechs Jahren wurde er zum Priester geweiht. Nun möchte er ein wenig Schuld abtragen. Er weiß um die Vergangenheit des Vaters. In Georgien baute er auf eigene Kosten eine Kirche. Aber nicht nur dieses äußere Zeichen war ihm wichtig. Viel wichtiger ist ihm der Dienst der Verkündigung des Evangeliums. Er möchte als Priester seinem Volk etwas zurückzahlen und aufbauen, was sein Vater zerstörte.

Grosny, die Schreckliche

In der russischen Sprache bedeutet Grosny schrecklich. Grosny, die schreckliche Stadt, trägt diesen Namen zu recht. Mit unseren Freunden von der Nord-Ossetischen Mission begleitete ich einen Hilfskonvoi nach Grosny. Obwohl die Städte Wladikawkas und Grosny nur 80 Kilometer Luftlinie auseinanderliegen, mussten wir einen großen Umweg über Mostok machen. Zu gefährlich war die Fahrt durch das dagestanische Gebiet. Dort haben Freischärler immer wieder Konvois überfallen und ausgeplündert.

An der Grenze zu Tschetschenien trafen wir die ersten massiven Panzersperren und Kontrollen. Das russische Militär hält sich dort noch dezent im Hintergrund, ist jedoch unübersehbar. Den Halt benutzten wir, um eine der menschlichsten aller Verrichtungen zu tätigen, denen wir unterworfen sind. Wer einmal eine einzige Freilufttoilette mit Herzchen und vier Wänden für Tausende von durchfahrenden Menschen erlebt hat, kann sich meine Reaktion gut vorstellen. Wir Westler sind in dieser Hinsicht schon sehr verwöhnt. Da schien mir ein Maisfeld noch die bessere Gelegenheit zu bieten. Hunde reagieren gewöhnlich auf die Pfiffe und Zurufe ihres Herrn prompt. Wenn fremde Laute an sein Ohr dringen, wird er nicht gehorchen. So dauerte es auch bei mir einige Meter, bis ich das tierische Gebrüll unseres Dolmetschers und der russischen Soldaten identifizierte. ».... bitte nicht in das Maisfeld hinein! Dort liegen Minen!« Erschrocken trat ich den Rückzug an. Wie schnell kann man bei einer solchen Fahrt bei ganz gewöhnlichen Dingen sein Leben lassen! Es wäre wirklich schade um mich gewesen, dachte ich später, als der erste Schrecken vorbei war, auf diese Weise verletzt oder gar getötet zu werden.

Wir stehen vor dem zerbombten und zerschossenen Präsidentenpalast von Dudajew in der City von Grosny. Ganze Straßenzüge liegen in Trümmern. Aber das Leben geht weiter. Menschen tätigen Geschäfte, versuchen etwas Essbares zu ergattern oder sind einfach unterwegs. Ein Tschetschene spricht uns an. Ihm gebe ich ein druckfrisches tschetschenisches Johannesevangelium. Es war das erste Evangelium überhaupt, das in tschetschenischer Sprache weitergegeben wurde. Einige Tage zuvor war es mit einem Transport von Korntal nach Wladikawkas gekommen. Er wollte es kaum glauben, dass es so etwas in seiner Muttersprache gibt, und hat es dankbar genommen. Ob er es dann auch gelesen hat?

Die Militärpräsenz war unübersehbar. Ständig rasselten Panzerkolonnen mit aufgesessenen, wild aussehenden Rotarmisten vorbei. So ähnlich müssen deutsche Großstädte 1945 ausgesehen haben. Nackte Ruinen, die in den kalten Winterhimmel ragten. In einem Vorort besuchten wir das russische Gemeindehaus der Baptisten. Der Pastor war Kampfflieger im Zweiten Weltkrieg und hat gegen die Deutschen gekämpft. Groß war seine Freude über die mitgebrachten Hilfsgüter. Wir bekamen Tee aus Regenwasser, da es schon lange kein fließendes Wasser mehr gab. Herzlich wurden wir eingeladen, bei ihm zu übernachten. Das Pastorenehepaar war damals schon den zweiten Winter ohne Strom und ohne Wasser. »Aber auch das werden wir überstehen«, meinten unsere Gastgeber. Auch wir Gäste haben die eine Nacht überstanden. Am Morgen lernte ich Zähneputzen, Rasieren und Gesichtwaschen mit einer Tasse Wasser, das mir der liebe Pastor tröpfchenweise verabreichte. Meine Kollegen hatten eine schlechte Nacht. Etwa 500 Meter vom Pfarrhaus entfernt befand sich das Hauptquartier der russischen Truppen. Gegen 2.00 Uhr morgens begann für etwa eine Stunde eine wilde Schießerei. Ich habe sie verschlafen, da ich abends eine Schlaftablette genommen hatte, um auf dem schmalen Sofa nicht ständig aufzuwachen.

Beim Abschied hatte ich den Eindruck, dass wir mit unserem Besuch sehr zur Stärkung der Geschwister beigetragen haben.

Ein junger Zimmermann aus der Korntaler Brüdergemeinde, Tilmann Roth, hat in jener Zeit mit der Schweizer Helimission Aufbauhilfe in Tschetschenien geleistet. Verschiedene Hilfsorganisationen hatten Bauholz finanziert, mit dem einfache Häuschen erstellt werden sollten. Noch einige Monate zuvor war Tilmann in unserem Korntaler Büro. Wir haben über das Land, die Leute und auch über seinen Auftrag geredet. Damals fragte ich, ob er sich der Gefährlichkeit seines Auftrages bewusst sei. Er war schon weit in der Welt herumgekommen. Er hatte die Gefahr nicht so ernst gesehen und meinte, er hätte schon viele Situationen überstanden und vor Ort würden sich die Gefahren meist relativieren.

Schon in Naltschik, etwa 60 Kilometer von Wladikawkas entfernt, hörten wir bei einem Treffen von Missionaren von einem schrecklichen Unfall. Ein junger Deutscher sei mit daran beteiligt. Unser Verdacht wurde dann zur schlimmen Wirklichkeit. Tilmann war mit seiner russischen Dolmetscherin in Inguschetien unterwegs. Der letzte Panzer einer russischen Kolonne scherte aus unerfindlichen Gründen aus und zermalmte den Landrover, in dem der junge Schwabe mit seiner russischen Übersetzerin saß. Beide waren sofort tot. Als wir in der Zentrale der Helimission in Wladikawkas ankamen, fanden wir einen Haufen verstörter junger Leute. Der Schmerz war tief und die Trauer groß.

Einen Tag später flog ich über Moskau nach Hause. Im Frachtraum der Maschine lag der Leichnam von Tilmann Roth. Seine Eltern in Korntal waren von anderer Stelle schon informiert worden. Es ist mir trotzdem schwer gefallen, sie zu besuchen. Hier hat sich der Name »Grosny, die Schreckliche« in einer Weise bewahrheitet, die man niemandem wünscht. Letztlich gibt es keine Antwort auf die Frage, warum dieser junge Christ sein Leben lassen musste. Er war ein fröhlicher und unkomplizierter Jünger Jesu, der nur helfen wollte. Und trotzdem dürfen wir als Christen nicht verzagen. Wir haben Jesus Christus, der das A und das O eines Lebens bestimmt. Er wird uns einmal die Fragen beantworten, die so schwer auf uns lasten und für die wir in diesem Leben keine Antwort finden.

Begegnung am Kuban

Zu einem Foto des Kuban, der durch Krasnodar fließt, fehlte mir noch ein attraktiver Vordergrund. Ich hatte ihn schnell gefunden: Ein junger Mann lag wie bestellt am Ufer im grünen Gras. Meiner freundlichen Bitte kam er gerne entgegen. Dann winkte er mich herbei. Es kam zu einem jener Gespräche, wie sie weltweit ablaufen, wenn sich zwei in einer für den anderen unverständlichen Sprache unterhalten. Eines allerdings konnte ich mit meinen bescheidenen Russischkenntnissen entdecken: Er las ein Buch über den Hinduismus. Gerne hätte ich ihm ein wenig von der Auferstehungshoffnung der Christen erzählt, wenn da nicht die babylonische Hürde gewesen wäre. Aber in der Nähe waren unsere Freunde, Semjon Borodin, der dortige Missionsleiter mit seiner Frau, und einige andere Geschwister. Bei ihnen besorgte ich mir ein Neues Testament, das ich meinem jungen »Gesprächspartner« überreichte. Er nahm es gerne. Aus seiner Brusttasche zog er als Gegengeschenk eine einfache Taschenikone. Er war etwas enttäuscht, dass ich mit seinem großzügigen Geschenk nichts anfangen konnte. Ich habe ihn dann zum Essen eingeladen. Unsere Freunde hatten auf offenem Feuer einen Topf Reis mit Fleisch gekocht. So saßen wir im Gras beisammen, unseren Gast in der Mitte. Wir wären keine »Missionarsfamilie« gewesen, wenn das Gespräch nicht bald auf geistliche Dinge übergegangen wäre. Unser Gast betreute als Arzt die Intensivstation eines Krankenhauses. Er war also mit viel Not und Elend konfrontiert. Seine Seele suchte eine Antwort auf die letzten Fragen des Lebens, die Frage nach dem Leid, nach dem Tod und nach der Vergebung der Schuld. Nun wurde mit klar, warum er hinduistische Literatur studierte. Aber gleichzeitig war da noch seine Ikone. Es wurde mir zum Bild des heutigen Russlands. Die postkommunistische Generation streckt seine Fühler neugierig nach allen Seiten aus. Ob dies die russisch-orthodoxe Kirche ist, ganz in der Tradition des russischen Volkes, oder fernöstliche Religionen – alles wird konsumiert und ausprobiert.

Der neunjährige Sohn der Familie Borodin wurde eine Woche vorher von einem Bus überfahren. Nach dem eindeutigen Urteil der Ärzte war der kleine Bub nicht zu retten. Einen Tag vorher hatten wir in der ganzen Stadt nach Medikamenten gesucht. Mit Westgeld konnte man diese manchmal auftreiben. Allerdings war uns kein Erfolg beschieden. So war diese Familie wirklich auf die Gnade unseres Herrn und auf Gebete angewiesen. Ich habe mir vorgestellt, wie ich in einem solchen Fall reagieren würde. Da liegt der Sohn sterbend im Krankenhaus, von den Ärzten aufgegeben, Medikamente sind keine aufzutreiben, dazu kommt dann noch Besuch aus Deutschland. Das Zeugnis der Mutter über ihren Glauben und den Trost in Jesus Christus vergesse ich nicht. Die Eltern gaben dem jungen Arzt Anteil an ihrem Glauben und ihrer Hoffnung. Wie die Lebensgeschichte des jungen Arztes ausgegangen ist, weiß ich nicht. Lange Zeit habe ich für ihn gebetet, und ich habe auch die Hoffnung, dass ihm das übergebene Neue Testament Antwort auf seine Fragen ist. Der Junge wurde übrigens geheilt und hat keine Schäden zurückbehalten. Gott tut auch heute noch Wunder.

Am Anfang war es Neugier

Missionskonferenz 1997 in Korntal. Zu Gast war der Kinderchor »Tropinka« aus Wladikawkas. Die Leiterin, eine temperamentvolle kleine Ossetin, hatte ihre jungen Sänger fest im Griff. Der Chor war durch ihre Lebensübergabe an Jesus Christus entstanden. Am Anfang aber war nur ihre Neugierde. Als Musiklehrerin wollte sie eine kanadische Gruppe hören, die in der dortigen Baptistengemeinde ein Konzert gab. Das Zeugnis der jungen Leute hatte einen tiefen Eindruck bei ihr hinterlassen. Später kam es zu einer vollkommenen Hinwendung zu Christus. Die Musiklehrerin konnte und wollte ihr neues Leben nicht verheimlichen. Sie erzählte ihren Musikschülern von Jesus. Sie nahm sie und ihre Eltern in die Gemeinde mit. So kamen schließlich etwa 15 Kinder zusammen, die alle dem Beispiel ihrer Musiklehrerin folgten und Christen wurden. Daraus entstand der Kinderchor »Tropinka«. Der Name kommt von unserer russischen Kinderzeitschrift »Tropinka«, die wir sechsmal jährlich in einer Auflage von 130 000 Exemplaren herausgeben.

So erleben wir heute in Osteuropa ein Stück moderner Apostelgeschichte. Es müssen nicht immer Jünger wie in der Bibel sein, die die Botschaft weitersagen. In unserem Fall war es eine ossetische Musiklehrerin, die von Jesus erzählte und damit andere zu Christus führte.

Der Mensch ist hoffnungslos religiös

Larissa erzählte uns ihre Lebensgeschichte in Korntal. Diese ist so interessant, dass es sich lohnt, sie weiterzugeben. Die etwa 45-jährige Lehrerin war eine Vorzeigekommunistin. Sie schien geradezu besessen von der Idee des Marxismus-Leninismus. Gott existierte für sie scheinbar nicht. Er war eine Einbildung. Diese Einschätzung gab sie auch an ihre Schulkinder weiter. Nicht nur das: Sie pickte sich gezielt Kinder gläubiger Eltern heraus und versuchte ihnen in Nachhilfestunden beizubringen, dass Gott nur eine Projektion unserer Minderwertigkeitsgefühle sei. Ihre Erfahrungen in dieser Agitationsarbeit gegen die Christen hat sie dann in einem Lehrbuch zusammengefasst. In jener Zeit war es populär, Christen zu verspotten. »Aber«, so erzählte sie bei ihrem Besuch in Korntal, »ganz war ich doch nicht davon überzeugt, dass es keinen Gott gäbe.« Gerade damals, als sie sich so wild gebärdete, ging sie heimlich in orthodoxe Kirchen, zündete eine Kerze an und ergab sich der geheimnisvollen Atmosphäre eines russisch-orthodoxen Gottesdienstes. Vielleicht hat sie etwas von der Anwesenheit Gottes gespürt. Vielleicht hat sie das Licht der Ewigkeit, dieses Licht vom unerschöpften Lichte, unbewusst aufgenommen.

Es kam die Wende. Auf einmal galt der stramme Marxismus nicht mehr so viel. Die bis dahin gültigen Werte landeten auf der Müllkippe der Geschichte. In jener Zeit besuchte ein Filmteam ihre Schule. Den Kindern und Lehrern wurde der Jesusfilm von Campus für Christus gezeigt. Dieser Film hat sie dann stark angesprochen. Über seinen

Aussagen kam sie nicht zur Ruhe. Einige Zeit später schrieb sie an Wassilij Davidjuk, der diesen Film vorgeführt hatte, und bat um ein Gespräch. Sie wusste um die Thematik genau Bescheid. Sie hatte ja ein Lehrbuch über den Unglauben geschrieben. So musste Wassilij auch nicht viel erklären. Sie stellte zwei Stunden lang Fragen, und er antwortete zwei Stunden lang nur mit Bibelstellen. Der Geist Gottes wirkte mächtig in ihr. Er überführte Larissa. Sie übergab ihr Leben Jesus Christus und ließ sich nach einiger Zeit mit anderen an einer seichten Stelle des Dnjepr taufen. Heute gibt sie an ihrer Schule denjenigen, die dies wünschen, Religionsunterricht. Ihr Leben hat sich gewandelt. Sie weiß um den Weg und um ein Ziel. Beim Erzählen Ihrer Geschichte ist mir unwillkürlich das Wort des russischen Religionsphilosophen Berdjajew eingefallen. Er hat einmal formuliert: »Der Mensch ist hoffnungslos religiös.«

Mit unserem Dienst bei »Licht im Osten« wollen wir nicht nur ein bisschen Religion unters Volk bringen, um es moralisch zu verbessern. Nein, wir möchten den Menschen den einen Gottessohn verkünden, der mehr ist als alle Religionen dieser Welt.

Der Mensch lebt nicht vom Brot allein

Zum ersten Mal reiste ich im Oktober 1973 nach Rumänien. Es war jene anfangs erwähnte Reise mit meiner Familie. Erfahrung hatte ich damals wenig. Aber vielleicht war es die Unbekümmertheit der jungen Jahre, die manches gelingen ließ. Damals hatten wir die Vorhänge unseres VW-Busses zugezogen, mitten auf dem Bahnhofsplatz von Oradea die Verstecke geöffnet und einen Teil Literatur herausgeholt. Wir brachten diese Margarethe Balk und Pfarrer Vischky. Er ist ein altbewährter Zeuge Jesu, der schon mit Wurmbrand in rumänischen Kerkern gelitten hatte. In den schweren Jahren nach dem Zweiten Weltkrieg und der Machtübernahme durch die Kommunisten wurde er zu 25 Jahren Gefängnis verurteilt, sechs davon musste er absitzen. Seine Frau wurde während dieser Zeit in das Donaudelta verbannt. Sieben kleine Kinder hatten keinen Vater, wenig zu essen und vegetierten in Erdlöchern dahin. Darüber hat Frau Vischky ein interessantes Büchlein geschrieben.

Nun trafen wir unseren alten Freund nach 25 Jahren wieder. Inzwischen war in Rumänien Freiheit. Die Jahre waren nicht spurlos an ihm vorbeigegangen. Seine alte Vitalität hatte er sich erhalten. In Oradea fanden wir ihn bei einer Fortbildungsveranstaltung von Jugendleitern der Reformierten Ungarischen Kirche. In einem größeren Wohnzimmer saßen sie eng beieinander und ließen sich für ihre Dienste in den Gemeinden zurüsten. Wir Gäste wurden zu einem einfachen Mittagsmahl eingeladen. Pfarrer Vischky sprach das Tischgebet. Danach beteten die jungen Leuten gemeinsam: »Der Mensch lebt nicht vom Brot allein, sondern von einem jeglichen Wort, das aus dem Munde Gottes kommt.« In jenem Herbst 1997 ist mir deutlich geworden, was der Sinn und Inhalt unseres gesamten Dienstes ist. Er ist der gleiche geblieben wie 1973. Essen und Nahrung sind wichtige Dinge. Aber der Mensch lebt letztlich vom Wort und von dem, was er an innerer Nahrung davon bekommt. Die jungen Leute haben vielleicht mehr begriffen, was der Inhalt der Botschaft und des Glaubens ist, als wir Christen im Westen mit unserem Wohlstand.

Wir haben uns an der Begegnung herzlich gefreut. Alte Erinnerungen wurden wach. Sicher sieht manches in der Erinnerung nicht so schlimm aus, wie es tatsächlich war. So erzählte uns Pfarrer Vischky von einer Begegnung mit fünf Offizieren der Securitate. Er war damals gerade wieder in Freiheit und saß mit seiner Familie bei einem bescheidenen Mittagessen. Die Offiziere waren so freundlich zu warten, bis er mit seiner Familie das Essen beendet hatte. Später hat ihn nach einer Hausdurchsuchung, bei der das Unterste zuoberst gekehrt wurde, einer gefragt, wie er denn noch angesichts der Polizei hätte essen können. Er gab zur Antwort, dass er schon gewusst hätte, dass sie kämen. Er hätte an jenem Tag den 23. Psalm gelesen. Dort würde es heißen: Du bereitest vor mir einen Tisch im Angesicht meiner Feinde. »Und«, so setzte er hinzu, »wenn der Herr mir einen solchen Tisch zubereitet, dann habe ich auch Geschmack am Essen, egal was kommt.«

Uns gab er mit auf den Weg, dass nun eine bessere Zeit gekommen sei. Früher hätten sie viel größeren Mangel gehabt. So gab es über viele Jahre hinweg wenig Zucker.

»Aber was nützen uns Zucker und alles Angenehme, was uns die Welt bietet, wenn wir Jesus nicht haben? Ohne ihn zu leben ist viel schlimmer.«

Unser Herr bereitet uns manchmal auf dem Tisch des Lebens viel Not und Leiden. Da gilt es, nicht so sehr auf das zu schauen, was auf dem Tisch ist, sondern auf unseren Herrn Jesus. Diese Lektion hat uns der altgediente Bruder mitgegeben. Ich werde ihn nicht vergessen.

»Licht im Osten« und seine Stasi-Akten
Ein Sonderkapitel gegen das Vergessen

Lange habe ich überlegt, die nächsten Seiten zu veröffentlichen. Seit ich Einsicht in die umfangreichen Akten von »Licht im Osten« genommen habe, stehe ich in einem inneren Zwiespalt. Als Christ soll man vergeben, sogar siebzig mal siebenmal. Darum darf es nicht um Rache gehen. Aber wie soll eine nachfolgende Generation wissen, was wirklich geschehen ist und was zu jeder Zeit der Gemeinde Jesu droht, wenn der Mantel des Schweigens über das Geschehene gebreitet wird?! Lange habe ich versucht zu verdrängen. Wäre Schweigen an dieser Stelle angebracht? Gibt es nicht auch ein schuldhaftes Schweigen? Auf keinen Fall geht es mir um eine späte persönliche Rache oder Genugtuung. Darüber mag einmal unser aller Richter entscheiden. So soll dieses Kapitel der heilsamen Erinnerung und Wachsamkeit dienen. Und auch eine Warnung an uns alle sein nach dem Wort der Schrift: »Darum, wer meint, er stehe, mag zusehen, dass er nicht falle.« (1. Korinther 10,12)

»Licht im Osten« hat in der kommunistischen Zeit ein umfangreiches illegales Transportsystem in die Oststaaten aufgebaut. Besonders die DDR war ein wichtiges Durchgangsland für die Schleusung russischer Literatur. Es war für uns unverständlich und unerklärlich, dass in den 70er Jahren von den DDR-Behörden viele dieser Kanäle aufgedeckt wurden – »dekonspiriert« hieß dies in der Fachsprache. Heute wissen wir, dass an der Zerschlagung unserer

Transportwege maßgeblich ein IMF (Informeller Mitarbeiter im Feindeinsatz), im Hauptberuf Pfarrer der Berlin-Brandenburgischen Kirche, beteiligt war. Seine Anwerbung geht bis auf das Jahr 1965 zurück. In 25 Jahren Geheimdiensttätigkeit kam dabei eine Menge an Informationsmaterial zusammen. Ich bin davon überzeugt, dass noch weit mehr Aktenmaterial vorhanden sein muss als das im Moment einsichtbare. In den vielen Treffberichten, Analysen, Einschätzungen über die politische und kirchliche Einstellung von Personen usw. durch den IMF Cornelius Hammer oder Heinz Wendland oder Gerd – alles Decknamen für ein und dieselbe Person – tauchen Namen von angesehenen Akademiedirektoren der Rheinischen Kirche auf, von Bischöfen und auch einfachen Leuten. In der ganzen langjährigen geheimdienstlichen Tätigkeit wurde der brüderliche Umgangston wie selbstverständlich gepflegt. Der IMF hatte eine Aufgabe als Evangelist und Gemeindepastor. Er bewegte sich gekonnt fromm in kirchlichen Kreisen.

Deshalb war es schwierig, einen Menschen, mit dem man geistliche Gemeinschaft pflegte, mit ihm betete, seine guten Predigten hörte usw., gleichzeitig zu hinterfragen. Ich muss jedoch gestehen, dass wir bei »Licht im Osten« anfangs zu vertrauensselig waren. Dafür trage ich die Verantwortung. Es ist auch kein Trost, dass der IMF in den westdeutschen kirchlichen Kreisen, die er besuchte, ähnlich problemlos Einlass fand. Nach ein bis zwei Jahren merkten wir, dass mysteriöserweise unsere Transportsysteme aufgedeckt wurden. Irgendwo musste es eine undichte Stelle geben. Es gab viele verschiedene Hinweise, auch aus der DDR, die dazu führten, die Zusammenarbeit mit dem IMF zu beenden. Zu diesem Zeitpunkt waren alle

Abladestellen in der DDR höchst gefährdet. Wir mussten von Engeln geleitet sein, dass wir Adressen in der Sowjetunion nicht so leicht herausgaben. So wurde noch größerer Schaden vermieden, obwohl gerade die Verbindungsleute in der Sowjetunion zu den Geheimdruckereien bevorzugt ausgespäht werden sollten.

Um den Grad der persönlichen Betroffenheit besser darstellen zu können, sollen drei kurze Beispiele folgen:

1. Drei Theologiestudenten bringen eine Fuhre russischer und deutscher Literatur von West- nach Ostberlin. Teilweise jede zweite Woche fand eine solche Lieferung statt. Die Literatur befindet sich in eingebauten Zwischenwänden eines VW-Campingmobils. Am helllichten Tag wird das Versteck in einer Seitenstraße geöffnet und die Literatur in ein zentrales Lager des IMF gebracht. Danach wird vor dem Abschied miteinander um Bewahrung und Schutz gebetet. Dazu wird das Radio demonstrativ laut gedreht und das Telefon mit einem Kissen abgedeckt – man könne ja nie wissen! Dann stehen unsere Kuriere und der »Bruder« vor Gott und danken für die bisherige Bewahrung und bitten um eine gute Rückfahrt über die Grenze. Dies alles war ungeheuer beeindruckend für die Kuriere. Was die jungen Leute nicht wussten, was aber schon längst klar war: Auch dieser Transport wurde mit Namen der Transporteure, der Anzahl der Bibeln und Bücher und der Angabe des Fahrzeugs sowie der darin befindlichen konspirativen Verstecke pünktlichst dem Führungsoffizier gemeldet. Kann man schizophrener handeln? Man steht vor Gottes Angesicht und formuliert in Gedanken schon den Bericht für die Stasi.

2. Seitenweise wird in den Akten über einige Reisen des IMF ins Baltikum berichtet. Sämtliche Gespräche mit führenden Leuten – von Pfarrer Harald Kalnins, dem späteren Bischof der deutschen Lutheraner in der Sowjetunion, bis zum Erzbischof der estnischen lutherischen Kirche und baptistischen Gemeindeleitern wurden genauestens durch den IMF aufgezeichnet. Es wurde festgehalten, welche Geschenke und wieviele Bibeln übergeben wurden, was diese Leute über andere in der Kirche denken, wie sie die politische Lage einschätzen usw. Am meisten berührt mich beim Aktenstudium, wie das Vertrauen von Arpad Arder, einem uns wohlvertrauten Baptistenpastor und Freund in Estland, erschlichen wurde. Gerade Arpad Arder, eine wohlangesehene Person in der Bruderschaft der Baptisten der Sowjetunion – er verstarb 1996 – war eine über alle Maßen integre Person. Er hat sich dem IMF vertrauensvoll geöffnet und ihm vieles erzählt, was er besser nicht hätte tun sollen. Mit im Spiel war ein gewisser Tammö, der stellvertretende estnische Superintendent der Baptisten. Er wird in den Akten als IM Peter geführt. IM Peter galt bei Arpad Arder als »guter Bruder« und als höchst vertrauenswürdig. Wie konnte der leutselige Mann ahnen, dass der gute Bruder und der Gast aus Berlin von einem mitgereisten Oberleutnant Bartnitzeck und seinen sowjetischen Genossen »geführt« wurde. Täglich gab es bei dieser Reise Treffen mit Auswertungen. Arpad Arder nannte seinem Gast den Namen eines Künstlers, den der IM eventuell in der DDR aufsuchen soll: Der Künstler sei noch kein richtiger Christ, aber sehr eng mit ihm, Arpad, befreundet. Daraufhin der IMF: »Er wird gewiss ein gutes christliches Zeugnis bei mir hören.« War das nicht zynisch?

3. Die dritte Szene spielte in Moskau. Zur Vorgeschichte: In den 60er Jahren lebten nur noch drei Pfarrer der ehemaligen deutschen lutherischen Kirche in der Sowjetunion. Dies waren die Pastoren Pfeiffer, Schlundt und Bachmann. Alle anderen waren umgebracht oder in irgendwelchen Lagern verschollen. Dann starb Pastor Pfeiffer. Seine Witwe lebte in Moskau. Sie war eine Anlaufstelle für Ost und West. Auch der IMF Heinz Wendland war dort. Hier seine Beurteilung der Witwe mit ihrer konspirativen Wohnung: »*Frau Pfeiffer, Moskau, unterhält umfangreiche Verbindungen zu sowjetischen Bürgern deutscher Nationalität und evangelisch-lutherischen Glaubens. Vor allem in Duschanbe, Alma Ata, Frunse, Zelinograd usw. In ihrem Besitz befindet sich eine Adressenkartei über alle diese Personen.*« Der IMF schätzt Frau Pfeiffer als »*eine fanatisch religiöse Person ein, die jedoch keine führende Rolle innerhalb der evangelisch-lutherischen Christen in der Sowjetunion spielt. Ihr Sohn, der nach dem Tode seines Vaters dessen Funktion übernehmen sollte, hat sich nach Aussagen der Pfeiffer von der gesamten Tätigkeit zurückgezogen.*« Es war doch eine Gemeinheit, eine Witwe, die nichts anderes, als der Gemeinde Jesu helfen wollte, als »fanatisch religiös« zu bezeichnen und sie dann noch an die sowjetischen Behörden zu verraten. Diese Charakterisierung kam schließlich nicht von einem Atheisten: Der IMF war Pfarrer. Er hatte diese Beurteilung bei einer SU-Reise vom 5. bis 11. November 1974 abgegeben. Bei diesem Einsatz wurde der IMF unmittelbar durch den Genossen Hauptmann Bartnitzeck, Hauptabteilung XX/4, und von Genossen der sowjetischen Sicherheitsorgane in Moskau und Tallinn gesteuert. Eine alte Witwe war dem

Geheimdienst so wichtig, dass sie überwacht und abgeschöpft wurde. Welche Angst muss solch ein System vor einer Witwe und ihrem Glauben haben?
Auch der damalige estnische Erzbischof Matulis und Oberpfarrer Kalnins, beide Riga, wurden auf diese Weise ausgehorcht.

In den Treffberichten tauchen noch viele andere Namen als Bespitzelte auf, zum Beispiel Pfarrer Diedrich, Berlin, Propst Schröder, Leipzig, Bischof Dr. Radtke usw., insgesamt mindestens zwei Dutzend Personen.

Treffberichte

Um in das Dickicht der Geheimdiensttätigkeit etwas Licht zu bringen, sollen einige Originalauszüge aus den Akten folgen. Erste Unterlagen gehen bis zum April 1965 zurück. Dort wird jener IM noch als »GP Gerd« geführt. In einem Treffbericht vom 28.04.65 gibt »GP Gerd« eine erste Einschätzung über eine Zusammenkunft von Angehörigen der Baubataillone.

Wie eifrig IM Gerd war, geht aus einem Treffbericht vom 20.12.71 hervor. Dort hat der IMF Gerd einen Spitzelbericht über Pfarrer Diedrich, Ostberlin, und über einen Pfarrer Dr. Kasten, Saarland, gegeben. Weiter heißt es: »*Nach Übergabe von Materialien wünschte der IMF nochmals eine Aussprache über seine Bereitschaft zur Mitarbeit für das MFS. Dabei brachte er wiederholt zum Ausdruck, dass er im Jahre 1972 mehr für unsere Organisation leisten möchte. Derartige Versprechungen gab der IMF schon des öfteren.*« So wurde damals vereinbart, die Verbindung zu Pfarrer Diedrich weiter zu festigen, damit besser in die Arbeit des Gustav-Adolf-Werkes eingedrungen werden könne. Auch über Superintendent Himmel, Berlin-Lichtenberg, sollten interessante Informationen zu erhalten sein.

Nichts war so bedeutungslos, dass es nicht hätte gemeldet werden können. So wurde zum Beispiel 1971 über den Vertrauensausschuss der Inneren Mission und Hilfswerk »Berlin-Brandenburg« berichtet, wer zum Vertrauensausschuss gehört und welche Aufgaben der Ausschuss hatte. Genauso wichtig war, wie oft der Vertrauensausschuss zusammengekommen war, wieviele Betriebsausflüge und Weihnachtsfeiern stattgefunden hätten, wie der Einsatz von Praktikanten geschehe usw. Äußerst bedeutungsvoll wurde gemeldet, dass am 06.12.71 eine Gesamtdienstbesprechung im Elisabethenkrankenhaus mit 120 bis 140 Personen angesetzt worden sei.

Der DDR-Teil der »Arbeitsgemeinschaft Missionarischer Dienste« tagte vom 24. bis zum 28.04.72 im Stephanusstift in Berlin-Weißensee. Der Bericht des Geschäftsführers und die Tagungsunterlagen sowie die Arbeitsgruppen und deren Themen wurden genauso weitergeleitet wie die Information, dass ein Pfarrer Sehmsdorf aus Annaburg eine reaktionäre und feindliche Einstellung zur DDR habe (Treffbericht vom 20.05.72).

Aus einem Treffbericht vom 17.05.72 erfuhr das MFS, dass *»im Haus der Berliner Missionsgesellschaft ein Partnerschaftstreffen zwischen Mitgliedern der Kirchengemeinden der Pfalz und Potsdam-Bornim stattgefunden hat. Ca. 35 Personen waren beisammen. Aus der Pfalz waren es 10 Personen, von denen 8 der CDU angehören sollen. Die Mehrzahl der Teilnehmer aus der BRD sollen einheitlich die Politik Brandt/Scheel vertreten haben.«*

Treffbericht IMF Gerd nach Reise Tallinn/Moskau vom 03.10. bis 07.10.72: *»Der IMF reist erstmalig in die Sowjetunion. Er ist evangelischer Pfarrer und wurde in die konspirative Arbeit der Gruppierung des Gustav-Adolf-Werkes eingeschleust. An der Aufklärung und Überwachung des Melanchthonkreises arbeitet er. Auf dieser SU-Reise soll er eng mit sowjetischen Sicherheitsorganen zusammenarbeiten und Ver-*

bindungen zu Personen herstellen. Besonders soll er auf Ersuchen der sowjetischen Organe eine Aufklärung des Pfarrers Arpad Arder, Prediger der Baptistengemeinde in Wiliandi, Estland, durchführen.« In seitenlangen Berichten werden Vorgespräche angeführt, so zum Beispiel mit Pfarrer Diedrich und anderen. Schon bei dieser Reise ist es dem IMF gelungen – so wie bei allen Kontakten –, auch bei Arpad Arder Vertrauen zu gewinnen. Dies liest sich dann so: *»Wir sitzen tuschelnd auf einem Sofa – eine Situation wie in einem billigen Film. Ich werde zum Essen gebeten, was mir in diesen Tagen zwar mehrfach widerfuhr. Hier ist es ein volles Hineingenommenwerden. Arder nennt ausführliche Wünsche und gibt seine Vorliebe für Organisationsfragen zu erkennen. Als Krönung wird mir ein Touristenabzeichen der Olai-Kirche angesteckt. ›Jetzt gehörst du zu unserer Olai-Bruderschaft‹, erklärt mir Arder, der mich nun auch ganz bewusst mit ›Du‹ versieht.«*

Alle Maßnahmen zur Bekämpfung von Ostmissionen wurden von IMF Gerd gründlichst vorbesprochen. So heißt es im Treffbericht vom 13.01.1975 von Mitarbeiter Oberstleutnant Bartnitzeck: *»Konzept für die BRD-Reise im Februar 1975: Hauptort und Einladungsort: Saarbrücken. Dort drei bis vier Vorträge vor der Evangelischen Akademie und dem Konvent. Dann Weiterfahrt nach Korntal in das Organisationszentrum ›Licht im Osten‹.«* In Karlsruhe war ein Besuch bei Dr. Gennrich, dem ehemaligen Generalsekretär des Gustav-Adolf-Werkes geplant, in Bonn ein Treffen mit einem Dr. Teigeler usw.

In einem Treffbericht vom 20./21.01.1975 ist zu lesen: *»Dr. Teigelers illegale Materialschleuse ist angelaufen.«* Ein

Journalist der Rheinischen Post (akkreditiert in Ostberlin) hatte am 18.01.75 im Auftrag von Dr. Teigeler die erste Lieferung zum IM gebracht.

Treffbericht vom 06.02.75, 10.00 – 13.30 Uhr: *»Auf dem Hof des IM übergaben die Kuriere 900 russische Schriften. Diese waren konspirativ im Fahrzeug versteckt. Im Fahrzeug befinden sich zwei Sitzbänke, eine Kochnische, eine Waschgelegenheit, ein Geschirrschrank. Das konspirative Versteck ist wie folgt angebracht ...«*

Der Treffbericht vom 11.02.75 enthält 21 Positionen russischer Bücher, Konkordanzen und Bibeln. Es heißt weiter: *»Am 11.02.75 übergab der IMF 800 Bibeln in russischer, estnischer und lettischer Sprache, welche er über das amerikanische Ehepaar Anderson zugeschickt bekommen hat. Diese Bibeln werden, ähnlich wie bei der bereits im Januar durchgeführten Maßnahme, der Vernichtung von illegal eingeführter Literatur zentral bei uns gelagert zum Zweck der Einstampfung.«* In einem Bericht über den Einsatz des IMF Gerd (oder Heinz Wendland oder Cornelius Hammer) in der SU vom 28.04. bis 03.05.75 heißt es, dass es sich bei »Gerd« um einen evangelischen Pfarrer im Reisedienst handelt, der sich als inoffizieller Mitarbeiter bisher als zuverlässig erwiesen habe. Eine seiner Aufgaben bestand darin festzustellen, ob und wie illegale Druckereien in der Sowjetunion arbeiten, die Bibeln und andere kirchliche Literatur herstellen. An vielen Stellen ist das besondere Interesse an illegalen Druckereien festzustellen. Der IMF Gerd war auch immer wieder besonders an Druckmaschinen und deren Zubehör interessiert. Danach wurde besonders gefragt und geforscht. So zum Beispiel in Riga, als

Arpad Arder ihm erklärte, dass die Liquidierung der Druckerei (1974) ein empfindlicher Schlag für die Initiativniki gewesen sei; der Druck von Literatur sei jedoch nicht eingestellt. Nach seiner Meinung existiere eine weitere, sehr modern ausgestattete Druckerei in der estnischen SSR. Auch bei Viktor Krieger, einem Mitarbeiter des Allunionsrates in Moskau, der auf der gleichen Reise besucht wurde, war das Thema »Druckerei« wichtig. Auch Krieger war überzeugt, dass es eine weitere illegale Druckerei der Initiativniki gäbe.

Alle diese Einzelinformationen ergaben dann doch ein schlüssiges Bild für die Kollegen in der UdSSR und haben schließlich zur Entdeckung mehrerer Geheimdruckereien geführt. Die Drucker und Druckerinnen wurden teilweise mit hohen Haftstrafen belegt. Aus den Akten ist allerdings nicht ersichtlich, ob die Informationen des IMF Gerd direkt zu Verhaftungen geführt haben. Eine indirekte Mithilfe ist jedoch nicht auszuschließen.

In einem 16-seitigen nachträglichen Bericht führt IM Gerd nochmals alle Einzelheiten seiner SU-Reise vom 28.03. bis 03.05.75 auf. Jedes Paket, jedes Geschenk, jede Meinung eines besuchten Christen wurde nochmals dokumentiert. Auch dort heißt es: *»Im Gespräch um die Frage nach etwaigen Standorten weiterer Druckereien wird eine in der Nähe von Kiew vermutet, auf alle Fälle aber eine in Sibirien.«*

Wie zufrieden die Genossen von hüben und drüben waren, geht aus dem Bericht eines Treffens mit IMF Gerd vom 08.06.76 hervor. Dort heißt es: *»Am 08.06.76 nahmen der Abteilungsleiter, Genosse Oberstleutnant Sgraja und Major*

Roßberg teil. Dem IMF Gerd wurde das Geschenk der sowjetischen Sicherheitsorgane (zwei vergoldete Becher) übergeben. Dem IMF wurde der Dank für seine bisher geleistete Arbeit und insbesondere hierbei für seine hohe Einsatzbereitschaft und Eigeninitiative während seines Einsatzes in der BRD und der Sowjetunion ausgesprochen.« Bei diesem Treffen wurde auch besonders über die Festigung und den Ausbau der Verbindungen zu Erwin Damson, dem Organisationsleiter von »Licht im Osten«, gesprochen. Dann folgen fast wörtlich Einzelheiten über Literaturschleusungen, über Personen in der DDR und in der Umgebung von »Licht im Osten« usw. Besonders die Reise zu »Licht im Osten« wird in allen Einzelheiten erwähnt. Zum Beispiel Montag, 21. Februar: *»Frühstück 6.45 Uhr mit MW, einer Mitarbeiterin von LiO. Schneller Kontakt. Sie ist ... Jahre, unverheiratet. In den nächsten Tagen erfahre ich durch sie, dass die Finanzen bei ›Licht im Osten‹ ausgeglichen sind, zahlreiche Spender aus der Industrie und Kreisen der CDU/CSU sind, ein weitgefächerter Freundeskreis.«* Oder: *»Abendvortrag in Flacht, 19.30 Uhr, ca. 100 Personen, mit Nachgespräch bis 0.30 Uhr. Guter Ausklang im Pfarrhaus mit ausdrücklicher Einladung für nächstes Jahr. Der Ortspfarrer von Bose wäre bereit, mich einzuladen. Außerdem Einladung zum Pfarrkonvent am nächsten Tag in Leonberg. Rückfahrt 1.30 Uhr.«*

Über Friedrich Hänssler ist zu lesen: *»Verleger, Besitzer eines der größten evangelischen Verlagshäuser der BRD. Hänssler ist von großbürgerlichem Zuschnitt, theologisch-evangelikal und von erheblichem Einfluss auf politische Kreise (gutes Verhältnis zu Filbinger). In der Vorwoche folgte er einer Einladung zu einem speziellen Unternehmerfrühstück im kleinen Kreis von Jimmy Carter ins Weiße Haus.«*

In Leonberg war der IMF in einem Gesprächskreis »linksintellektueller« Lehrer und Dekane, ca. 30 Personen. Da ihm die Grundposition dieser Leute bekannt war, vermied er unnötige kontroverse Punkte. So geht es gute 20 Seiten lang, bis zur Heimreise am 18.02.77, wo Bischof Kurt Scharf in Westberlin besucht wurde. Auch hier wurde bald Vertraulichkeit »hergestellt«. Der IMF wird über die Reaktion der Pfarrerschaft auf den Fall Brüsewitz gefragt und nach dem Ansehen von Bischof Krusche, dessen Engagement in dieser Sache Bischof Scharf bekannt war. Das Gespräch geht über eine Initiative in Sachen marxistischer Linkspositionen im Kreis um Pfarrer Pahnke und S. T. Heim weiter und endet mit einer Einschätzung von Gerd über die Einordnung der jungen Generation in die vorhandene Kirchlichkeit in der DDR.

»Nach zwei Stunden bin ich mit der Versicherung seiner Hilfsbereitschaft und einer gelegentlichen Fortsetzung des Gesprächs verabschiedet worden. Geld bietet er mir nicht an und ist offensichtlich auch davon angetan, dass ich ihn nicht um materielle Unterstützung bitte.«

Bei einer Schlussbewertung des Reiseverlaufs heißt es, dass es sich auch diesmal bewährt hätte, jeden Tag eine Postkarte zu schreiben bzw. einen Anruf zu tätigen. Die Reise wurde als erfolgreich eingeschätzt. Sie ist ohne Pannen verlaufen. Kritisch wird der zu gewinnende Kontakt bei Bischof Scharf und die Frage der Überprüfung durch »Licht im Osten« geschildert. Allerdings sei bei Scharf bei einem zweiten Besuch eine erhebliche Vertrauensbereitschaft dagewesen.

Treffbericht mit IMF Heinz Wendland am 9. Januar 1980: Dabei wird auch das Verteilersystem von »idea« besprochen. Im Auftrag des Chefredakteurs von »idea« nahm der IMF Heinz Wendland mit sämtlichen Bischöfen der DDR und Leitern der kirchlichen Ausbildungsstätten und anderen einflussreichen mittleren Kadern Verbindung auf. Insgesamt belieferte er 45 Personen, die in der Anlage mit Aufschlüsselung genannt waren.

Dabei wird erwähnt, dass der Leiter des Predigerseminars in Wittenberg, Studiendirektor Dr. Hans-Jürgen Schulz, es abgelehnt habe, »idea« entgegenzunehmen. Von den Bischöfen Hempel, Krusche, Wollstadt wird sie allerdings gerne in Empfang genommen. Bischof Radtke brachte dem IMF gegenüber zum Ausdruck, dass er Wert darauf legt, dass kein Außenstehender erfährt, dass er Empfänger dieser Zeitschrift sei. Aus einem Treffbericht von Ende März 1980 von IMF Heinz Wendland: *»Der IMF übergab mehrere Exemplare von ›idea‹ von Nr. 16 und 51 mit einem Interview von Bischof Schönherr, welches Helmut Matthies gehalten hat.« »Die Nachrichtenagentur arbeitet sehr eng mit der klerikalen Organisation ›Licht im Osten‹ und der Christlichen Ostmission zusammen. Der Leiter der klerikalen Organisation ›Licht im Osten‹, Winrich Scheffbuch, ist gleichzeitig Vorstandsmitglied bei ›idea‹. Der Verteilerkreis in der DDR hat sich auf 46 Personen erweitert. Diese erhalten über den IMF Heinz Wendland ›idea‹.«* Mit dem IMF Heinz Wendland (informeller Mitarbeiter im Feindeinsatz) wurde abgesprochen, wie das kirchliche Nachrichtenblatt »idea« besser für operative Zwecke genutzt werden kann. Dem Chefredakteur Matthies sollten durch den IMF im größeren Umfang Artikel in »unserem Interesse« (der DDR) zuleitet werden. Auf diesem Weg sollte angestrebt werden, offensive Zersetzungsmaßnahmen gegen eine Reihe klerikaler Kräfte durchzuführen.

Bei diesem Treffen wurde auch ein wenig der DDR-Alltag besprochen. Der IMF äußerte die Bitte, bei der Beschaffung eines Zweitanschlusses für sein Telefon behilflich zu sein. Dem IMF wurde später mitgeteilt, *»dass auf höherer Ebene durch einen zuständigen Mitarbeiter unseres Organs erreicht wurde, dass entsprechend seiner Bitte diese Angelegenheit in der nächsten Zeit realisiert wird.«*

Zentraler Operativer Vorgang »Container«

Am 06.04.1982 wurde der ZOV (Zentraler Operativer Vorgang) »Container« angelegt. In diesem Vorgang wurden verschiedene Ostmissionswerke, darunter »Licht im Osten«, erkennungsdienstlich bearbeitet. In der Begründung heißt es: *»Die klerikalen Organisationen werden vorwiegend subversiv tätig, indem sie mittels geheimdienstlicher Mittel und Methoden nicht lizensierte kirchliche Druckerzeugnisse, die zum Teil objektiv gemäß § 106 StGB zur staatsfeindlichen Hetze geeignet sind, in die sozialistischen Länder einschleusen und in diesen Staaten personelle Stützpunkte schaffen, um Informationen über die sozialistischen Staaten zu sammeln.«* Die politisch operative Bekämpfung und Aufklärung von subversiven Aktivitäten klerikaler Organisationen wurde in enger Zusammenarbeit mit dem KGB durchgeführt.

Wie wichtig »Licht im Osten« genommen wurde, ist aus folgendem Passus ersichtlich: *»Es ist noch tiefer in die Konspiration dieser Organisation einzudringen mit dem Ziel, den Nachweis der geheimdienstlichen Tätigkeit zu erarbeiten.«*

Der Staatssicherheitsdienst der DDR konnte wohl nur in geheimdienstlichen Bahnen denken. So wurde behauptet: *»Es liegen gesicherte Hinweise dafür vor, dass Mitarbeiter von ›Licht im Osten‹ durch Instrukteure des amerikanischen Geheimdienstes CIA in Österreich ausgebildet werden.«* Dies stimmte auf der ganzen Linie nicht. Es schmeichelt uns aber trotzdem etwas, dass an anderer Stelle über »Licht im Osten« zu lesen ist: *»›Licht im Osten‹ ist eine der am intensivsten in die DDR arbeitenden politisch-klerikalen Organisationen kapitalistischer Staaten.«* In einem Grundsatzpapier wurde festgelegt, dass insbesondere IMs zu schaffen seien, die direkt an verdächtigen Personen der klerikalen Organisationen arbeiten bzw. in diese eindringen könnten.

Als ein Indianer- und Trapperspiel mit größtem Aufwand gestaltete sich eine Reise von mir und meiner Frau nach Ungarn. Der Vorgang ist in Einzelheiten dokumentiert, angefangen vom Amtshilfeersuchen der Stasi-Behörden an die ungarischen Kollegen bis zur Beobachtung ab Einreise usw. Leider war es den ungarischen Kollegen aus technischen Gründen nicht möglich, uns in einem Hotel in Budapest abzuhören. Den ungarischen Geheimdienstleuten war es allerdings wichtig, dass ich in Balatonfüred auf einer Parkbank mit DDR-Bürgern saß und ausführlich *»referierte«*, während *»die Frau des Damson aufmerksam die Gegend beobachtete.«* Es ist selbstverständlich, dass dieses Treffen den russischen Kollegen genau gemeldet worden ist. Ähnliche Meldungen über meine Tätigkeit gingen an die bulgarischen Kollegen und auch an den polnischen Geheimdienst.

Verstärkte Überwachung

Das MFS war erfolgreich. Dies geht aus den mit deutscher Gründlichkeit geführten Jahresberichten über den ZOV »Container« hervor. Aufgezählt sind, wie viel Personen mit welcher Staatsbürgerschaft bei Literaturschleusungen entdeckt wurden. Auch die Art der Transporte war kein Geheimnis. Bekannt war dem MFS der Transport von Literatur unter der Ausnutzung der Transitstrecke nach Westberlin. Das so genannte Huckepackverfahren, bei dem ein Fahrzeug in die DDR einreiste und dann die Literatur von einem Transitfahrzeug auf einem Parkplatz übernahm, war ebenso bekannt wie die Einreisen von speziell umgebauten Kfz. Allein 1983 waren 90 Fahndungsobjekte registriert, zu denen 1984 weitere 33 Personen und Fahrzeuge in Fahndung gestellt wurden. Dies alles geschah selbstverständlich in Zusammenarbeit mit den Bruderorganen der sozialistischen Länder. So wurden zum Beispiel in Zusammenarbeit mit den Sicherheitsorganen der UdSSR für einen IM der Bezirksverwaltung Frankfurt/Oder in der UdSSR eine Deckadresse geschaffen und gemeinsame operative Maßnahmen durchgeführt. 1984 wurden umfangreiche Informationsmaterialien und Bilddokumentationen erarbeitet und den »Freunden« übersandt.

Dabei waren auch Detailkenntnisse einzelner Kuriere wichtig. So ist es überraschend, dass behauptet wurde, der im Teilvorgang 3 operativ bearbeitete Kurier von »Licht im Osten« neige zu Gewalt. Dies wurde im Zusammenhang mit dem 1984 vorgesehenen Besuch von Erich Honecker in der BRD notiert. Der erwähnte Westbürger wurde mit einer Einreisesperre belegt.

Abladestelle Berta

Aus der Erinnerung weiß ich, dass wir damals unsere Methoden ebenfalls verfeinert hatten. Wir hatten die Deckadressen nur noch mit Nummern versehen; wir mahnten unsere Mitarbeiter zu äußerster Vorsicht. Wir gingen sogar so weit, nur noch nichtdeutsche Kuriere der Mission Operation Mobilisation einzusetzen. Den Genossen war unter anderem auch bekannt, dass wir im Brief- und Sprechverkehr den Namen »Oma« benutzten und für die Tage der Anlieferung Losung und Lehrtext der Herrnhuter Brüdergemeine verwendeten. Das einzige, was sie nicht wussten, war, dass wir zwei Jahre alte Losungsbücher verwendeten. So blieb unsere Abladestelle »Berta«, ein altes Ehepaar in einem einsamen Weiler, bis zur Wende unentdeckt. Die Stasi als Firma »Horch, Guck und Greif« wusste viel, aber nicht alles. Gott hat über manchem auch seine Hand gehalten.

Erfolge

Das MFS antwortete mit verstärktem Einsatz von Personen und IMs in Schlüsselpositionen. Allein 1985/86 wurden neun neue Teilvorgänge angelegt. Bei der Bekämpfung subversiver Elemente wurde nicht gerade zimperlich vorgegangen. DDR-Bürger wurden teilweise mit hohen Geldstrafen belegt und eingeschüchtert.

Das Ergebnis von 52 operativen Maßnahmen von Januar 1985 bis Dezember 1986 wurde mit einem Gesamtwert von 2 Mio DM angegeben, ein unwahrscheinlich hoher Betrag, der anzuzweifeln ist. Darunter waren Tausende Bibeln und Neue Testamente in verschiedenen Sprachen der UdSSR, die nicht allein von »Licht im Osten« kamen, sondern auch von verschiedenen anderen Organisationen, 6 Bürodruckmaschinen sowie diverse andere Druckerzeugnisse und Materialien. Die Sicherheitsorgane der UdSSR erhielten über den Dienstweg regelmäßig Belegexemplare der eingezogenen Materialien. 1987 waren dies beispielsweise 1 000 Kilo kirchliche Druckerzeugnisse, die eingezogen und in die UdSSR geschafft wurden.

gez. Mielke – Minister für Staatssicherheit der Deutschen Demokratischen Republik

1986 wurde auf höchster diplomatischer Ebene in das konspirative Geschehen eingegriffen. Die Intensivierung der Bekämpfung klerikaler und anderer westlicher Organisationen beruhte auf einem Geheimbefehl, der vom Minister für Staatssicherheit der DDR, Mielke, und vom Vorsitzenden des Komitees für Staatssicherheit der UdSSR unterzeichnet wurde (siehe Anlage). Einziger Zweck dieses bilateralen Vertrages war die Unterbindung der Schleusung von klerikaler Literatur durch die DDR in die Sowjetunion. Teile dieses Vertrages waren zum Beispiel die Fortsetzung der bewährten Methode, Bürger der UdSSR an innerkirchliche theologische Ausbildungsstätten der DDR als IMs zu schicken. Ausdrücklich wird auf die weitere Qualifizierung des Einsatzes von IMs Wert gelegt, die dann in weiteren Akten von »Licht im Osten« immer wieder auftauchen, darunter auch Heinz Wendland, der besonders auf »Licht im Osten« angesetzt war. So gehörte zur Bekämpfung innerer feindlicher Kräfte auch die »Disziplinierung« des Generalsekretärs des Gustav-Adolf-Werkes. Dazu gehörte auch die Festigung der Positionen der »progressiven christlichen Bewegung« der »Prager christlichen Friedenskonferenz« und der »Berliner Konferenz europäischer Katholiken«. Diesen beiden Organisationen wurde eine besondere Rolle im Friedenskampf und bei der Auseinandersetzung mit reaktionär-klerikalen Kräften zugesprochen. Wie ernst an die Kirchen und Ostmissionen herangegangen wurde, zeigt die wissenschaftliche Arbeit von Major Bartnitzeck und eines Oberstleutnants Wolfgang Grimm mit dem Titel »Lösungswege zur offensiven Bekämpfung und vorbeugenden Verhinderung von subversiven Aktivitäten klerikaler Organisationen kapitalistischer Länder, insbesondere so genannter christlicher Ostmissionen, welche die Transitwege und die erleichterten Einreisebedingungen in die DDR sowie in andere sozialistische Länder missbrauchen«.

IM Paul

Mit beteiligt an der geheimdienstlichen Tätigkeit von Heinz Wendland war ein beim IMF wohnender Theologiestudent. Er hatte den Decknamen Paul. Paul hat sich als Leiter der evangelischen Religionsgemeinschaft der Mennoniten berufen lassen. Am 28.12.79 wurde dann dem IM Paul mitgeteilt, dass es von Seiten der Verantwortlichen (MFS) keine Bedenken für die Einstellung als leitender Geistlicher dieser Religionsgemeinschaft gibt. Einen endgültigen Bescheid erhält er am 12.01.80. So übernahm Paul die Leitung der Mennoniten in der DDR. Mit dem IMF Heinz Wendland wurde abgesprochen, dass er seinen Freund Paul (er wohnte über Jahre bei ihm) systematisch auf einen Einsatz in der SU vorbereiten sollte. In einem Treffbericht vom 11.03.80 heißt es, dass Heinz Wendland einschätzt, dass der IM Paul sich in seine neue Tätigkeit als Leiter der Mennoniten der DDR gut eingearbeitet habe. IM Paul sollte dann bei den Olympischen Spielen in Moskau als Leiter der Mennoniten eine Reise dorthin durchführen.

Das Ende

Wie endete die ganze Verbindung mit IMF Cornelius Hammer alias Heinz Wendland alias Gerd und seinem Freund IM Paul? Wir hatten bestimmte Vermutungen. Zu viel ging daneben. Gerd hatte zu viel versprochen und zu wenig gehalten. Manches war uns verdächtig. So kam es zu einem letzten Besuch in Korntal, der in einer achtseitigen Tonbandabschrift dokumentiert vorliegt. Dort schreibt IMF Heinz Wendland, dass er mit mir in einem Lokal in Feuerbach zum Mittagstisch war. Ich eröffnete ihm, dass wir sehr viele Transportfahrzeuge verloren hätten. Auch hätte ich nicht mehr den nötigen Rückhalt in der Missionsleitung. Er würde nach wie vor unser wichtigster Mann in der DDR sein. Nur müsste man im Moment eine Pause einlegen.

Schlusssatz von IMF Gerd: »*Wir verabschieden uns mit der Versicherung gegenseitigen Wohlwollens und der Freude auf ein baldiges Wiedersehen.*« Dies war im Frühjahr 1980. Inzwischen sind 19 Jahre ins Land gegangen. Der IMF hat nach Aufdeckung seine kirchlichen Ämter niedergelegt und ist in Pension gegangen. Er hält sich von allen Amtshandlungen fern. Das ist wohlwollend zu respektieren. Was für mich unbegreiflich ist: Er fühlt sich selbst als Opfer und als Teil eines Getriebes, in dem man selbst nur ein Antriebsteil ist. Nach Aussagen eines ermittelnden Beamten der Berlin-Brandenburgischen Kirche ist der IMF Gerd der hochkarätigste Fall in der gesamten Pfarrerschaft dieser Kirche. Seit Anfang 1996 lief ein innerkirchliches Verfahren, das 1999 zum Abschluss gebracht wurde.

Bei einem persönlichen Zusammentreffen mit dem IMF bedauerte er seine Tätigkeit. »Es ist nun einmal geschehen.« Große Reue oder Bereitschaft dazu konnte ich nicht feststellen. Ich hatte auch den Eindruck, dass er die ganze Tragweite dessen, was er durch seinen Spitzeldienst angerichtet hat, nicht wahrhaben wollte. Um der Wahrheit willen muss erwähnt werden, dass der IMF nicht alle Literatur der Stasi ausgeliefert hat. Ein Teil gelangte zu den Empfängern. Der größere Schaden liegt viel mehr im Verrat von Namen und Aktionen und in der dadurch verhinderten Arbeit, in den Vertrauensbrüchen, in den Analysen, eigentlich in der unverständlichen Bereitschaft des IMF, wirklich jedes Detail, dessen er habhaft werden konnte, weiterzumelden.

Freie Fahrt für die Mission

1988 feierte die russisch-orthodoxe Kirche ihren 1 000. Geburtstag. 988 hatte der Warägerfürst Wladimir seine Untertanen im Dnjepr zwangsweise getauft. Das war mehr ein politischer Akt als eine Hinwendung zum Glauben. In diesen 1 000 Jahren ist viel Wasser den Dnjepr hinunter geflossen. Das Land hat die Tatarenherrschaft überlebt, die schreckliche Zeit der Wirren, in der sogar die Polen Moskau besetzt gehalten und im Kreml katholische Gottesdienste gefeiert hatten – eine schreckliche Vorstellung für jeden orthodoxen Russen –, die Terrorherrschaft Iwan des Schrecklichen überstanden und auch die Jahrhunderte des Romanow-Zarenhauses. Schließlich haben die Völker auch die brutale Zeit des Kommunismus mit 60 Millionen Toten überlebt. In diesen 1 000 Jahren gab es viele Versuche, erfolgreiche und weniger geglückte, die Völker des Ostens zu missionieren. Eines hatten alle Epochen gemeinsam: Es war nur eine bedingte Freiheit für die Mission vorhanden.

Die deutschen Siedler durften zum Beispiel nicht unter Russen missionieren, denn die waren von Geburt an zwangsgetauft und somit orthodox. Im Kaukasus und in den zentralasiatischen Republiken leistete der Islam heftigen Widerstand gegen das christliche Zeugnis und zeigte sich auch immun gegen alle atheistische Propaganda. Die grüne Fahne des Propheten Mohammed flattert heute stolz im Wind und erobert sich Stück um Stück Land. Das christliche Zeugnis hat es dort besonders schwer. Was in 1 000 Jahren fast unmöglich schien, wurde innerhalb kürzester Zeit Wirklichkeit: Das Evangelium durfte frei verkündet werden. Im ersten Jahrzehnt verschluckte das Land Riesenmengen von Bibeln und christlicher Literatur. Der Bedarf ist immer noch sehr hoch. Radiomissionen entstanden. Einheimische Missionsgesellschaften bildeten sich und sandten Missionare in fast alle Bereiche des riesigen Landes. Fast ungezügelt und mit einer über Jahre gebremsten und nun freigesetzten Energie kämpft eine junge missionarische Mannschaft leidenschaftlich für den Sieg des Evangeliums. Erste Erfolge sind sichtbar. In vielen Städten entstehen neue Gemeinden, die von jungen, dynamischen Gemeindeleitern betreut werden. Wachstumsraten von mehreren hundert Prozent sind keine Seltenheit. Die Ausbildung an Bibel- und Missionsschulen gewinnt zunehmend Profil. Trotz mancher Beschränkungen, zum Beispiel dem neuen Religionsgesetz, oder Willküraktionen einzelner lokaler Behörden, bekommt das Evangelium Fahrt. Ohne umfangreiche finanzielle Zuwendungen aus dem Ausland und auch personelle Unterstützung wäre dieses Ergebnis so nicht möglich gewesen. »Licht im Osten« darf sich mit in die Reihe derer einreihen, die das Evangelium in dieses weite Land hineintragen. Durch unsere vielen Verbindungen zu einheimischen Gemeinden und Missionen ist uns eine effektive Arbeit der kurzen Wege geschenkt. Wir haben nur einen einzigen Wunsch: die Ampeln in den Osten mögen auf Grün bleiben, damit der Name Jesu bis zum Ural und noch Tausende Kilometer weiter bis zum Fernen Osten bekannt wird.

Der Missionsbund »Licht im Osten«

Der Missionsbund »Licht im Osten« wurde 1920 gegründet und arbeitet heute mit sechs Partnerorganisationen in der GUS zusammen. Als Verlag für christliche Literatur in den Sprachen Osteuropas und Zentralasiens gibt die in Korntal bei Stuttgart ansässige Organisation Literatur in über 30 Sprachen dieser Völker heraus, so auch sechs verschiedene Zeitschriften in russischer, ukrainischer, litauischer und kasachischer Sprache. Daneben produziert »Licht im Osten« christliche Radiosendungen, leistet technische und humanitäre Hilfe und veranstaltet missionarische Kurzeinsätze in Osteuropa und Zentralasien. Außerdem werden theologische Ausbildungsstätten in der GUS finanziert, Missionarspatenschaften für einheimische Missionare vermittelt und eigene Missionare ausgesandt. Ein Schwerpunkt der Arbeit ist zudem die Unterstützung von christlichen Kinderfreizeiten. Pro Jahr werden über 400 Tonnen Hilfsgüter und Literatur von Korntal in die GUS, das Baltikum und andere Länder Osteuropas transportiert.

»Licht im Osten« ist Mitglied des Diakonischen Werkes der Württembergischen Landeskirche, der Arbeitsgemeinschaft Missionarischer Dienste (AMD) und der Arbeitsgemeinschaft Evangelikaler Missionen (AEM).